海鳥ブックス 26

# 大庄屋走る

## 小倉藩・村役人の日記

土井重人

海鳥社

# 発刊に寄せて

九州大学名誉教授　中野三敏

土井重人さんの新聞連載が一冊の本にまとまった。私自身は土井さんと面識はなかったが、連載の途中から面白さに気づいて、以来欠かさず読んだ。大庄屋中村平左衛門日記や小森承之助日記が主な材料であることは律義に明記されるのでよくわかったが、初回から読まなかったこともあって、それが翻字資料であることも知らず、随分熱心奇特な記者がいるものだと感心していたが、その内に既翻印とわかって、今度はその周到な読みっぷりに惹かれるようになった。

江戸研究を専門とする身では、どうしても三都（京・大坂・江戸）中心の文事にばかり気をとられがちな日常の故に、郷土資料の整理や翻印といった事柄が、それぞれの自治体でどれほど進んでいるのかいないのか、甚だ事情に暗い私にとって、この土井さんの連載は、極めて興味をそそられるものであったのは間違いない。と同時に、これほど熱心かつ正確に読んでもらえるのは、当の資料にとっても、また翻字した担当者にとっても、甚だ幸運としか言いようがないのでは、という気持ちを持ったのも確かである。

具体的にどこと指摘するまでもなく、実際に読み進めれば誰にも納得のいく所だろうが、何よりも土井さん自身が、毎回極めて率直に郷土の先人の生活の端々に興味を示し、当時の物価を克明に現在の物価に直したりしながら、ある時は驚き、ある時は疑いながらも、文化・文政以降明治までの庶民、主として農民と、それを束ねる村方役人や大庄屋、その上に立つ藩の奉行や代官といった人々の、日々の交流や意見の喰い違い、或いは暖かい配慮や酷薄とも言える仕打ちなど、実際には最も知り難い日常の息遣いそのものに、一喜一憂しておられる。

それに加えるに全国的な規模でつのってくる幕末の世情不安、外国軍艦乗組員の不意の上陸や、対長州戦争、或いは藩内の政争（白黒騒動など）に捲き込まれざるを得ない庄屋の立場などなどを、かたずを呑んで見守る土井さんの姿までが彷彿とする筆遣いに、作り物語の安易な近代的解釈を寄せつけぬ、隅々にまで血の通った庶民感情の汲みあげを意図しておられるのが、ありありと伝わってくるのである。

これまでの、近代の側から見た江戸に関する記述には、どうしてもある種のバイアスがかからざるを得なかった。それは近代というものが必然的に持つ江戸否定の根本的立場に根ざすもので、封建制、身分制、差別などといった事柄に対する当然の批判となって表れ、それ故に、一方また、江戸の中に意外に近代の心性と似通うものを見つけた時の、江戸って意外と近代ジャン……といった風な親近感の安易な表明であったりもするのだが、土井さんの眼はそのような表面的な感想とは全く無縁な所で、江戸の実体をしっかりと把握しようと志しておられるのが、読み進めるにつれて極めて明瞭に伝わってくるのである。これは、かかって一次資料の虚心な読み解きの成果であることは言うまでもない。

土井さんが亡くなってしまった今となっては、その口から直接に語って貰うことは出来ないものの、私なりに忖度《そんたく》して言えば、恐らく土井さんの眼には、江戸人の生活の根底を形成する思念として、上下身分の差別を桎梏《しっこく》としてよりもむしろ信頼の置ける関係として捉え、お互いにその責務を果たすことから生じる安堵感のような思いが確かに存在したという感想が映っていたのではなかろうか。それは中村平左衛門が折々に示す大庄屋としての責任感そのものとして表れ、小森承之助が時には漢詩を作り、長寿を祝う歌の一首も口をついて出る、その教養の広がりの中に確かに感じ得るものだったはずである。

土井さんを通じて垣間見ることの出来た近代人の江戸理解が、ここまで到達し得たことに関して、近代主義的江戸解釈に終始していた江戸研究の地平に疑念を懐《いだ》きつつ、その江戸研究にこの半世紀かかわってきた者の一人として、隔世の感を禁じ得ない。

なかの・みつとし
一九三五（昭和十）年、福岡県生まれ。早稲田大学大学院文学研究科修士課程修了。文学博士。九州大学文学部教授、福岡大学人文学部教授を歴任。著書に『十八世紀の江戸文芸』（岩波書店、一九九九年）、『江戸狂者伝』（中央公論新社、二〇〇七年）ほか多数。

大庄屋走る

# 目次

# 庄屋走る

発刊に寄せて——九州大学名誉教授　中野三敏　3

手永制　14
できる男　15
遠山景晋　16
用人暗殺　17
白黒騒動　18
ヅーフ　19
雨乞い　20
盲僧琵琶　21
こりゃ侍　22
庄屋走る　23
連れ回し　24
長崎奉行　25
寺入り　26
宇島港　27
村継ぎ　28
行き倒れ　29
川棚温泉　30
小倉札　31
御用状　32
お永さん　33
何右衛門　34
僧侶発砲　35
ご赦免　36
徒刑囚　37
出奔・帳外　38
五分鬢　39
色情一件　40
合馬殺人　41
入牢・獄門　42
処刑場　43
天草四郎　44
伊賀忍者　45
十文字鎗　46
守り役　47
坂越港　48
赤穂浪士　49
浦方役所　50
在宅武士　51
役人批判　52
ご乱行　53
鳴り物　54
修験者　55
町方・郡方　56
髪飾り　57
汁を出せ　58
塩ブリ　59
若殿さま　60
西村昇七　61

# 多事多難

拷問死 64
庄屋短命 65
曽根酒屋 66
とうふ 67
天守炎上 68
古市宗理 69
ブドウ酒 70
法雲和尚 71
西山宗因 72
石原売炭 73
稲虫駆除 74
寄鯨 75
馬糞療法 76
疱瘡神 77
極老の者 78
万丈和尚 79
乳母入用 80
奉行切腹 81
巡見上使 82
湯殿酒 83
遊女屋 84
海峡艶話 85
口説 86
里謡・地口 87
中村稲荷 88
稲荷奇談 89
心付け 90
奥女中 91
役職売買 92
ご無体 93
産母りう 94
御用日記 95
中津口 96
戸締め 97
高野長英 98
田地証文 99
江戸参府 100
ぶらかし 101
社家・医師 102
種痘法 103
到津八幡 104
妻女死亡 105
伊勢屋敷 106
桂女参上 107
西一鷗 108
追い腹 109
諸事改革 110
拷問許可 111
手製白酒 112
大酒・乱心 113
江戸地震 114
孫誕生 115
出雲糸車 116
おたね 117
鈴の音に 118
行事飴屋 119
妾のぶ 120
若返り 121

# 世代交代

検見役　124
代米蔵　125
農家経済　126
鯨油の値　127
梅田雲浜　128
隠し目付　129
延命寺　130
榊姫社　131
ドウドウ　132
吉雄敦　133
だらしい　134
方言集　135
伊勢へ　136
大坂へ　137
伊勢参宮　138
再登板　139
敷居の外　140
幼児虐待　141
大先輩　142
呼野金山　143
ご迷惑　144
英人上陸　145
忠嘉死去　146
かまど数　147
宗門改め　148
絵踏み　149
銭の塊　150
四丁浜　151
さらし首　152
銭が降る　153
殺生方　154
目明かし　155
退役　156
おまさ　157
村上仏山　158
寺子屋　159
奥元帥　160
林洞海　161
豊国名所　162
西田直養　163
水鉄砲　164
一夜一両　165
数え歌　166
続・数え歌　167
血忌み　168
柳馬場　169
撫育金　170
家中困窮　171
後家さん　172
縁組　173
頂吉石牢　174
政敵死す　175
密通・刺殺　176
ご隠居　177
発疹猛威　178
三里六穴　179

# 庄屋武装

日々大儀 182
庄屋武装 186
在郷商人 190
梅花一枝 194
宗玄寺 198
討ち死に 202
小倉自焼 206
農民武士 210
髪結い床 214
吉原見物 218

砲台完成 183
萩の使者 187
運上銀 191
鶴乃子 195
農兵・郷筒 199
しかばね 203
玉枝奮戦 207
暴民一揆 211
へへり坂 215
おわりに 219

投げ文 184
奇兵隊 188
十一義僧 192
不明門 196
トイレ 200
郡典私志 204
赤坂合戦 208
九右ヱ門 212
おたた 216

馬二十一両 185
奥さま帰国 189
永照寺 193
ご尊顔 197
野合懐妊 201
小倉屋 205
御乳、琴 209
小倉刀工 213
フグ鍋 217

参考文献 221
含羞のひと・土井重人さん——元読売新聞西部本社編集局次長 屋地公克 225

# 1
# 庄屋走る

# 手永制

小倉藩の時代の人、村や町を寸描する。

テキストは、北九州市立歴史博物館発行の「中村平左衛門日記」「小森承之助日記」をはじめ、「門司郷土叢書」「豊前叢書」、北九州市の調査報告書や関係自治体史などだ。

まず、ざっとおさらいを――。

小倉藩領は、企救《きく》、田川、京都、仲津、築城《ついき》、上毛《こうげ》の六郡。各郡に筋奉行が一人。その下に代官と山奉行。これが郡方三役。

十数－二十数村を一つの行政単位とし「手永《てなが》」と呼ぶ。企救郡は富野、片野、今村、小森、城野、津田の六手永。大庄屋と助役の「子供役」が一人ずつ。筋奉行の手代を加えて手永三役。

一村に庄屋が一人、助役の「方頭《ほうがしら》」は複数。五人組の組頭を含め村方三役。

これら郡政の最高責任者は郡代で、城では寺社・町奉行より上席。

小笠原家は「手永」制をはじめとする農村支配機構を、熊本に移った細川家からほぼ踏襲した。

細川忠興の子・忠利の夫人は徳川秀忠の養女だが、実は小倉小笠原家の初代・忠真《ただざね》の妹だ。忠真の娘は福岡の黒田光之に嫁ぐ。小笠原家を中心に北部九州を固めるための、恐るべき幕府の婚姻政策だ。

# できる男

意外にも小倉藩の大庄屋に「手永替え」、庄屋に「村替え」があった。転勤だ。兼任もある。

文政五（一八二二）年、二十八歳で小森手永の大庄屋に就任した中村平左衛門は五年後、富野手永に転勤。翌年には津田手永へ。この慌ただしい人事異動の裏には先輩大庄屋の画策があったようだ。

平左衛門は津田村に役宅を新築して転居、津田平左衛門と名乗る。管轄するのは貫《ぬき》、朽網《くさみ》、曽根など現在の小倉南区の十三か村だ。

ほんの短期間、片野、城野の大庄屋を兼任したのを除けば、津田村を本拠としていた平左衛門だが、晩年、忙しくなる。

六十二歳の安政二（一八五五）年、京都郡の延永《のぶなが》・新津《あらつ》の二つの手永大庄屋を命ぜられる。高齢と病苦を理由に固辞するが、「京都郡の粛正に力を貸せ」と許されない。

二年後にやっとお役ご免になり、念願の伊勢参宮を果たしたのもつかの間、今度は本家筋の城野大庄屋の死亡に伴う再就任要請。

平左衛門が役職から解放されたのは文久元（一八六一）年、六十八歳のときだった。「余人をもって代え難し」という殺し文句に〝できる男〟は弱い。

# 遠山景晋

「中村平左衛門日記」の文化九（一八一二）年一月二十七日に、「測量方、きょう到津口より筑前国境まで通路」とある。これは伊能忠敬の第八次測量のことだ。幕府ご用だから粗相があってはならない。企救《きく》郡勘定役・人馬方（勘定庄屋）の平左衛門は責任者として昼食場所の見分にいく。

到津口を出発した一行が荒生田《あろうだ》村までの測量を終えて到着したのは午後一時ごろだった。無事に筑前との国境を越えるのを見届けた平左衛門は午後四時ごろ引き上げた。伊能忠敬を見ただろう。

大庄屋日記を読む楽しみの一つは著名人の登場だ。遠山の金さんこと遠山左衛門尉景元のお父さんは、文化十年九月三十日の日記に出る。

江戸へ帰る長崎奉行・遠山左衛門尉景晋《かげみち》の門司・大里の宿舎に封書が投げ込まれた。差出人の名はない。小倉の役人と協議のうえ焼き捨てられ、宿舎前に高札が立った。

「申したき儀あらば姓名を記し、その筋へ申し出るべし」

投書は、幕府の老中職を望み、運動資金で藩庫をカラにした六代藩主・小笠原忠固《ただかた》の非を鳴らす内容であったろう。小倉藩史に名高い「白黒騒動」の幕開きを告げる出来事だった。

# 用人暗殺

中村平左衛門は文化十一（一八一四）年一月十三日、太宰府参拝に旅立ったが、留守中の翌十四日、とんでもない事件が起こった。

隣藩との合図に使う霧ケ岳（足立山）のろし台から火炎が上がり、夜空をこがす炎に、「市中、郡中とも大騒動」となった。十五日にはオランダ商館長が小倉を通過する予定だった。このタイミングを狙ったのだろう。

これは「ご家中に二、三年来、不居合《ふおりあい》の事」があり、「悪党のしわざ」と後にわかった、と日記に書いている。

幕府の老中になりたいという六代藩主・小笠原忠固《ただかた》の野望が、家臣団を二分してしまう深刻な事態を生んでいた。江戸で金をばらまいて猟官運動をする筆頭家老・小笠原出雲派と、反対する小宮四郎左衛門ら四家老派の対立だ。

九月二十八日夜、小笠原出雲派の用人《ようにん》・渋田見主膳が三の丸の外で襲われた。忠固は主膳を家老にと考えていた。家老候補の暗殺である。

知らせを受けた出雲は十一月十五日、密かに帰国、すぐ手を打った。翌日、小宮ら四家老をはじめ、主だった者を免職にしてしまう。

この大騒動の続きは次回に。

# 白黒騒動

免職となった四家老をはじめ、百人ほどの小倉藩士が出国したのは、文化十一（一八一四）年十一月十六日だった。家の子郎党を引き連れ総勢は四百人に近い。談判に熊本藩の力を借りるためで、その夜は福岡藩領の黒崎に宿をとった。

城からの使者が何度も往復して交渉の末、小笠原出雲の罷免、四家老の復職で話がついた。一同の帰国は十八日。福岡藩をも巻き込んだ三日間の大騒動だった。国境への出迎え人の中に中村平左衛門もいた。日記に「番頭・長坂源兵衛が帰りがけ、かごの中で自害」と記している。主君を見限ったのに、おめおめと帰れるか、という武士の気概を示したものだという。

黒崎宿に出国したのを「黒組」、城に残ったのを「白組」、この事件を「白黒騒動」という。

翌年、藩主・忠固は、幕府から百日間の逼塞を命じられる。これを機に、黒組の天下だったのを白組が巻き返す。六年後の文政三（一八二〇）年九月三日、黒組を処刑。

八人が打ち首、首謀者とされた儒者・上原与市は火あぶりに。豊前叢書『彦夢物語』に、枯れ松葉を背に結び、市中を引き回し、平松で火刑、とある。

# ヅーフ

オランダ商館長ヅーフが、江戸参府のため長崎街道を上って小倉に到着したのは、文化十一（一八一四）年一月十五日だった。翌日、下関へ。両日とも雨だったと「中村平左衛門日記」にある。

一行が帰路、下関から小倉へ渡海してきたのは四月十一日。昼食の後、すぐ出立の予定だったが、雨のため一泊。翌日、雨の中を出発した。

この年、小倉藩では一月十四日に霧ケ岳のろし台に怪火、十一月十六日に「白黒騒動」と、大事件が続いたことは、先に紹介した。

ちなみにヅーフは蘭日辞書『ヅーフ・ハルマ』を残した人だ。写本が、大阪市中央区北浜の史跡「緒方洪庵　適塾」二階に展示してある。

東洋文庫『江戸参府紀行』によると、シーボルトは、ヅーフの参府後の文政九（一八二六）年一月十五日、小倉に到着した。翌日、下関へ。大年寄・佐甲家へ八泊している。オランダ宿は、小倉は大坂屋、下関では佐甲、伊藤の両家が交代で務め、江戸と大坂は長崎屋、京都は海老屋と決まっていた。

下関市立長府博物館に「オランダ商館長御用船下関入湊図」がある。画面中央に小倉船。必見です。

# 雨乞い

文化十一（一八一四）年六月三日、宮尾社（現在の篠崎八幡宮）で今村手永の雨乞いをしたところ、翌日には雨。

五日からは到津社で五昼夜の雨乞い祈禱。これは郡方役所の指示だ。

神楽や湯立神事が行われ、見せ物が出る。このときは下関から曲馬も。中村平左衛門は、大里の目明かし荘七を引き連れて見分に出向く。六日に桟敷がけをし、七、八日が本番。「言語道断の見物人」だった。下関から子供芝居がきた年もある。

実は、七、八日にはすでに降雨があり、晴れ間をぬっての興行だった。最終日の九日には企救《きく》郡中の寄り相撲が行われ、雨乞いを終えた。日記に一切が穏やかにすみ、潤雨もあって「ご感応のほど有り難き次第」と書いている。十六日夜には、何と大風雨。

大庄屋の日記には、日照りが続けば雨乞い、降雨が続けば日和乞いと、神頼みの記事が毎年ある。村々の庄屋から願うこともあり、役所が命じる場合もある。

当時の神さまは霊験あらたかだったが、だめなら神社を変えて何度でもやる。米の確保へ、役人も農民も必死だった。

# 盲僧琵琶

三谷一馬著『江戸商売図絵』（中公文庫）の「竈祓《かまどばら》い」に、折り烏帽子《えぼし》をかぶった神官のような装束の人物が、御幣をふっておはらいをする図がある。

九州では竈祓いは座頭（盲僧）の仕事だった。天台宗の東北山延命寺（小倉北区上富野）が九州竈祓い座頭総支配職で、住職がその任にあたった。

門司郷土叢書にある古老の話。

「白野江に代々伝わった本正坊菊じんというのがいた。この座頭の祈禱はなかなかよくきいたものじゃった。檀家は郡中にわたって千三百ばかりもあったじゃろうな。なかなか忙しかった。正月と四季の土用には、次々と檀家先を回って歩いたものじゃった」

「また六日座ちゅうて、二月と十一月の六日は、疫病退散の祈禱があって、遠近の信者がつめかけ、お札をもらって帰ったものじゃが、この坊主なかなか収入を上げよったものじゃがなあ」

企救郡では白野江、吉志、黒原、萩崎、赤坂、木町などに盲僧がいた。檀家の家に泊まって次の村へいく。求めに応じて物語を琵琶に合わせて面白おかしく演じ、娯楽の乏しい時代の人々が参集した。盲僧琵琶から薩摩・筑前琵琶が派生したという。

# こりゃ侍

文化十四（一八一七）年八月六日、原喜三治という小姓組の侍（十五石、四人扶持）が、清水町で農民二人を切り殺した。

殺されたのは金田村の才助、上城野村の友蔵。力自慢で農業を怠り、大酒を飲んではけんか、ばくち。農民というよりヤクザ者だ。

この日は筑前・枝光村での相撲見物の帰り、同行十数人が往来の左右で休んでいると、原と、もう一人が通りかかる。

友蔵が「こりゃ侍」と声をかける。「何っ無礼者め」と口論になるが多勢に無勢。侍二人は逃げ出したが、「腰抜け侍」といわれて原一人は戻ってくる。

仲に入る者があって、小宴を催して事を収めることになった。去り際、原はギラリと刀を抜く。才助は十か所、友蔵は五か所に傷を受け絶命。

庄屋の通報で中村平左衛門、郡目付らが見分する。遺体は八日、親類に下げ渡された。評定所での取り調べは十九日。

この一件の裁許は十一月十七日。殺された二人の父親に「おしかり」、原喜三治は「一向にお構いなし」。天保十（一八三九）年の日記に、再び原の名が見える。

小倉藩では数少ない、切り捨てご免の実例だ。

# 庄屋走る

文化十四（一八一七）年、中村平左衛門は多忙を極めた。

この年、小倉を通過したのは、平戸、宇土、大村、島原、福岡、唐津、熊本、秋月、鹿児島、人吉、久留米、蓮池、小城、中津、佐賀の各藩主。

これだけでなく、長崎奉行、日田代官、幕府役人らの往来もある。それぞれ人馬を用意するが、日程が重なって大混雑になることもある。

一番多く人馬を要したのは五月の鹿児島藩主のときで、人足二千三百人、馬二百二十頭。苦労はまだある。大里着船の予定で用意していたら、小倉へ直接乗り入れに変わった、ということなどしばしばだ。

大名の家来はしつけが行き届いているが、長崎奉行や日田代官の荷宰領をする者などには、しつこく酒手をねだる手合いがいる。役所に訴えても、まあまあとなだめられてしまう。

暮れに平左衛門は郡代から役料として銀五両、別に金二朱、人馬方出精で銀二両をもらった。門司へ、筑前国境へと東奔西走した一年だった。

日記の最後に句が書きつけてある。

「筆の海　塵の波引　歳の暮」

# 連れ回し

文政二（一八一九）年五月十四日、初のお国入りをする島原藩主・松平主殿頭忠侯《ただよし》の一行が激しい雨の中、小倉領を通過した。

事件は十日後に。清水町の甚平の家に、娘が泣きながら助けを求めた。名は「そよ」、十九歳。

島原領から長崎へ奉公に出ていたが、男に「色道にて」だまされ、筑前・黒崎まで連れ回されてくる。ここでもう一人の悪者が道づれとなり、二人が下関への売り飛ばしを相談しているのを聞いて驚く。逃げ出せずにいたが、やっと清水町でスキを見つけ、甚平方に駆け込んだのだ。

小倉藩は、娘を大切に預かるよう甚平にいいつけるとともに、島原藩御用達の小倉商人・銭屋万五郎に島原への通報を命ずる。

六月になって、島原から大庄屋の下役が迎えにきた。確かに娘を受け取ったと証文を交わす。謝礼として甚平と清水町の庄屋に南鐐《なんりょう》銀一片（二朱銀。八片で小判一両）ずつが贈られた。

面倒をかけた割に、あいさつ人がたった一人とは、ちと「手軽き致し方」と話題になったことが「中村平左衛門日記」に書いてある。ろくでもない男にひっかかる娘は、いまも昔も……。

# 長崎奉行

文政二（一八一九）年八月二十六日、長崎奉行が小倉に渡海してきた。筒井和泉守政憲という。目付から長崎奉行になり、三年半後には江戸町奉行になった人物だ。

二十六日夜は船中泊。二十七日朝に本陣の大坂屋に入って一泊。二十八日朝七時ごろ出発、長崎街道を下っていった。用意された馬は百七頭。

このときも例によって酒代の無心がある。荷物の監督者への千七百文をはじめ、ねだりとられた金額は合計三千九百二十四文にもなる。

出立の混雑の中で馬が柳ごうりを踏み破った。掛け合いの結果、銭七本でご勘弁。銭一本は一文銭なら百文、四文銭なら四百文だ。

さらに悪いことに、それでなくとも難敵の監督者・中井久次郎を、馬がけった。さあ大変。中井は大げさに宿かごで出発する。馬を出した村の庄屋らが黒崎まで追いかけて謝るが、許してはくれない。

木屋瀬《こやのせ》で宿役人の口利きを得てようやく落着、「養生料」として金二分を差し出した。世話になった木屋瀬の本陣へも酒などを贈り、これら雑用が銀三十匁。大汗をかいた小倉の者たちの苦労など、長崎奉行は知る由もない。

# 寺入り

文政二（一八一九）年九月二十八日午前二時ごろ、小倉城下、東鍛冶町の青柳丈助（十五石）方から出火、十一軒が焼失した。

鍛冶町は、現在は夜になると華やかなネオンにいろどられる街だが、昔は家中の藩士屋敷があった所だ。体の具合が悪い大庄屋に代わって、企救《きく》郡勘定役・人馬方の中村平左衛門は、代官所へ近火見舞いにいく。持参したのは酒五升。

火事で思い出す記事がある。『鵜《う》の真似《まね》』という面白い本で、豊前叢書の中にある。

宝暦（一七五一－六四年）のころ、頻々と火災が起きた。以後、火元の者は寺入りすることになる。寺入りとは、寺にこもって謹慎することだ。

こう命じておけば、火の用心をするだろうというのだが、こともあろうに、家老の二木《ふたつぎ》勘右衛門の長屋から火が出た。家老は別、では示しがつかない。ご家老さま、進んで寺入りしたが、「その儀に及ばず」とお達しがあって帰宅。

「それからは、火元の者の寺入りは中止になった。法令とは、かくも大切なものである」と、ある老人が語ったと書いてある。小倉藩では、火元は「慎み」を仰せつかる。

# 宇島港

為政者は、厳しく年貢を取り立てるだけでなく、ときには救いの手も差しのべる。

文政四（一八二一）年三月、郡代・杉生十右衛門の名で、お達しが出た。小倉領内の四百六十人（企救《きく》郡では九十五人）に、一人一俵の米を与えるという。独居者、極貧者へのお救い米だ。

「少々ながらふびんに思われた殿さまからの下され米である。村役人や徳人は、なお慈愛を施し、善根を積むように。この米を借金のカタに差し押さえることは禁ずる」と、意を尽くした内容だ。

杉生十右衛門は、普請奉行、船奉行、寺社・町奉行から郡代、元締役を歴任した、殿さまお気に入りの能吏だ。今回の施米は、この人の献策かもしれない。

杉生は、この年から上毛《こうげ》郡宇島で新港の建設に着手する。巨費を投じた難工事が一応完成したのは文政十一年だが、八月の暴風雨で波止の一角が崩れて漁民が水死すると、藩内に批判が沸き上がる。

失意の杉生は文政十三年五月六日、六十六歳で病没。自刃説もある。

豊前市のJR宇島駅近くの宇島神社に、杉生十右衛門を顕彰する「宇島港之碑」がある。

# 村継ぎ

天明七（一七八七）年は、十一代・徳川家斉が将軍宣下《せんげ》を受け、前年に失脚した田沼意次の代わりに松平定信が老中首座となった年である。

この年の「仲津郡国作《こくさく》手永大庄屋御用日記」が、『豊津町史』の史料編に載っている。天明の飢饉の只中、目につくのは、出稼ぎに出て病気になり、旅費もないから村継ぎで送り返してくれという願書のおびただしさだ。

筑前から豊前へ、あるいは芸州から日向へ、というのもある。藩の許可が下りると、村から村へ、庄屋が責任をもって引き渡していく。食事、薬はもちろん、古着なども与える。

豊後の甚蔵が筑前・穂波郡で病みつき、国元の弟・卯吉宅への村継ぎ送りを、土地の庄屋に願い出たのは八月十九日。

一文なしだから薬などを与え、万事お心添えをという庄屋文書とともに甚蔵のかごが仲津郡の惣社《そうしや》村から国作村へ到着、次の有久《ありひさ》村へ送り出したのは二十一日だった。早送りしたのは、途中で死なれたらやっかいだからだ。

甚蔵は、寺が発行した身元保証の往来手形を持っていた。最後にこう書いてある。

「どこで病死してもお届けには及びません。国法でご処置を」

# 行き倒れ

小倉領の者が他国で死亡した場合の取り扱いがよくわかる例が、中村平左衛門の文政四（一八二一）年五月十八日の日記にある。

到津村の五兵衛は娘の千代（十三歳）を連れて四国巡礼の旅に出たが、土佐の長岡郡国分村で患い死亡した。娘は村で預かっている。迎えをよこしてほしいという通知が土佐藩の大坂留守居から小倉藩の留守居へ。

調べたところ、家には女房がいるだけで親類もない。結局、娘を迎えにいくのは、京都郡にいる五兵衛の兄弟・幸四郎、到津村の五人組から浅吉の二人と決まった。さっそく到津村の庄屋から土佐・国分村の庄屋への書状がしたためられる。土佐への謝礼は、村役人へ金二分、五兵衛の病中、死後の世話をした人たちと、娘を養育してくれた人へ、それぞれ二両二分ずつ。

ほかに、浅吉の旅費と用心金が二両二分など、計八両二分が企救《きく》郡の会計から支出された。幸四郎の旅費は京都郡から。

五兵衛の場合は、千代がいたから連絡がついたが、身元不明の行き倒れがあれば、役人の検視のあと仮埋葬し、村の入り口に高札を立てて情報を待つのが、小倉藩でも福岡藩でも通例だ。

# 川棚温泉

文政五（一八二二）年、中村平左衛門は、足痛で長州・川棚へ湯治にいく。三月二日、願書を提出し即日許可。

三日、相当に足が痛むらしく、平松浦から乗船。下関から川棚へはかごで。夕方到着し、「湯散使」という役人に届け出。

与七郎という人の宿屋から「鍵の湯」へさっそく通う。湯銭は一夜三十文。三月十六日まで滞在した宿への支払いは、同行二人と、十五日に見舞いを兼ねて迎えにきた十人の二泊分を含めて五貫文余、心付けを四百三十文。

十七日朝出立、かごで下関へ。代金九百六十文、酒手に四十文。迎えの人数に妻もいて、女かごの料金は一貫八十文、酒手に小倉札を十一匁。北部九州では小倉の藩札は信用があったというが、下関でも通用していたことがわかる。

留守中の十三日、門司・大里の西生寺で宗門改めが行われたが、旅行届を出しておけば、この年は免除だ。

さて、平左衛門の川棚行きの総決算だが、総額八貫文にはなろう。一両＝四貫文で二両。一両を現在の十五万円とすると三十万円の出費。一般の農民にはできぬ旅だ。

# 小倉札

延宝六（一六七八）年、二代・小笠原忠雄《ただたか》は領内での藩札の発行を幕府に願い出た。通用が始まったのは、この年六月。藩札、国札、小倉札、豊札などとも呼ぶ。

宝永四（一七〇七）年にいったん幕命により停止されたが、享保十五（一七三〇）年には再開され、幕末に及ぶ。

寛政元（一七八九）年の幕府巡見上使への答弁書によると、このころの相場は金一両＝銀五十六匁、銀一匁＝銭百文。米一石（十斗＝一八〇リットル）が銀六十二匁だった。

門司郷土叢書から古老の話を紹介する。

「小倉札は六十八匁が金一両じゃった。九州では筑前と小倉の札が、当時一番よく利けて、どこでも通っていたなあ。小倉に比べて肥後札はずっと安かった。札以外に豆板、ハイフキ、小粒などあったが、見たことがない。藩の両替所は城外にあったが、両替には歩をとらなかった。それが藩札の利いたわけでもあった」

「五匁札（万金丹）一枚もっておりゃ別府入湯十日くらいできよった」

「万金丹の二枚もあれば友達と飲み屋にいってへべれけになるまでやれるぞ、と大手をふって店に上がったものじゃったなあ」

# 御用状

文政五（一八二二）年四月十三日、企救《きく》郡勘定役・人馬方の中村半次郎（後の平左衛門）に御用状がきた。

其元《そのもと》義、御用の義候間、明日四ツ時役宅へ可被罷出候《まかりでらるべく》、以上

四月十三日　　　　田代儀右衛門　湊半之丞

中村半次郎殿

翌日、指定の四ツ（午前十時ごろ）より一時間前に出頭。企救郡代官・田代儀右衛門から口達があった。

「其方《そのほう》義、此度《このたび》小森手永大庄屋役被仰付《おおせつけられ》候、御為宜《おためよろしく》相勤候様」

本来は筋奉行からお達しがあるのだが、湊半之丞は病中（十四日夕死亡）のためこうなった。

これまでの小森手永大庄屋・慶右衛門は津田へ手永替えになる。慶右衛門は不満らしく病気と称して代人を出席させた。平左衛門の妻・節の父は、今村手永の大庄屋・延左衛門だ。裏でどんな工作があったのか。平左衛門は、その任にあらず、と辞退するが、単なる形式だろう。結局筆頭家老・大羽内蔵助へお礼言上した。

当時の公式文書で人名を連ねる場合は、格下の者から書く。「其元」、「其方」の微妙な表現の差にも注目いただきたい。

# お永さん

小森手永大庄屋となった中村半次郎は、文政五（一八二二）年八月三日朝、「平左衛門」への改名届を出す。あて先は今村手永の大庄屋・延左衛門。妻の父でもある。延左衛門が郡方の内役所に差し出し、夕方には許可。

平左衛門の改名の歴史――天保八（一八三七）年には平三郎に。これは幕府の巡見上使に三枝平左衛門がいたので遠慮した。同九年に平左衛門に戻し、安政元（一八五四）年には、また平三郎へ。同三年、大坂留守居に同姓同名がいたため平右衛門と改めた。

平左衛門は通称だが、実名の方も柔嘉－維則－維良と変えている。このように時期によって名前が変わるが、煩雑を避けて中村平左衛門で通させていただく。

現代と違って改名はしばしば行われ、理由さえあれば許可された。

ちなみに、一つの村に同名二人は許されなかった。たとえば、〇〇村に一本松の助平さん、三本松の助平さんと同名二人はだめ。

お上から改名を命じられることもある。ご公儀にお姫さま誕生の場合などだ。文政二（一八一九）年、永姫誕生の際には、「永」、「ナガ」の同字同唱を遠慮せよ、とお触れが出た。全国の町、村から「お永ちゃん」や「お永さん」がいなくなったはずだ。

# 何右衛門

豊前叢書『鵜《う》の真似《まね》』に、二代・小笠原忠雄《ただたか》の時代の話がある。青木加賀右衛門は弓の名人だったので、那須与一にあやかって那須と名乗れ、と命じられた。

その後、加賀の前田家との縁組の話があって、加賀右衛門では、はばかりがある。「そのほう、何右衛門でもいいから改名せよ」といわれたこの人、その何右衛門でいきましょう、と那須何右衛門になった――と。

事実は違うようで、忠雄の生母（初代・忠真《ただざね》の側室）藤の妹・亀は藩士・山口勘右衛門に嫁ぎ、嫡子が加賀右衛門。姉妹の父の姓を名乗ったというのが正しいようだ。

那須何右衛門は、白黒騒動のときは黒崎脱出組だった。旗奉行、五百石。豊前叢書『小倉戦史』によると、小倉戦争の緒戦・田野浦合戦では長州の二人を討ちとった。明治元（一八六八）年、奥州出兵の小笠原若狭隊（三百二十人）の軍務。この人は養子に入って那須氏を継いだ河野久米槌（郡代・河野四郎の弟）だろう。

何右衛門という通称はそう珍しくもなかったようで、福岡藩に村上、松本、万代、時枝、高田、木村、大村氏。熊本藩に園部、弓削氏と、大勢いる。

# 僧侶発砲

文政七（一八二四）年四月十日、中村平左衛門の手元に、人相書き付きのお触れが回ってきた。

田川郡香春《かわら》町、光願寺の弟子・徳成が、同郡金田町の大工・幾七の女房と、息子の喜六に鉄砲傷を負わせて逃走した、見あたり次第、召し捕れという内容だ。

平左衛門がおいおい聞いた内容は、こうだ。

徳成は三十歳くらいで「至極好色者」。幾七の女房に三度言い寄ったが、いうことを聞かないのに立腹。窓の外から小児の喜六に添い寝しているところをズドン。ただし弾は鉛でなく石。大事には至らないだろうという。四月三日夜の事件だ。他郡のことだから、その後は一切、続報がない。

門司郷土叢書に寛政元（一七八九）年の幕府巡見上使への答弁書がある。大庄屋にはこの想定問答集が渡される。質問があれば領中の猟師と鉄砲の数は二百三十と答えをそろえる。狩猟や警備に従事した「郷筒《ごうづつ》」のことだ。免許証の「鉄砲札」には所持者の名、年齢、背格好、角顔・丸顔とまで書いてある。

なぜ、坊さんがこの厳重な管理をかいくぐって銃を手にできたのかが最大の謎だ。

# ご赦免

文政七（一八二四）年二月十六―十八日、広寿山で五代藩主・小笠原忠苗《ただみつ》の十七回忌法要が営まれた。この間、鳴り物、普請は停止、山の猟、海川の漁も禁止で迷惑だが、罪人の赦免はありがたい。

筋奉行の権限で処理できる軽い罪の者は申し出よ、との回文を見た中村平左衛門は、二月十四日、前年冬に不埒《ふらち》のことがあって萩崎の揚がり屋入りのあと帰村し、「農業のほか慎み」に服している母原《もはら》村の七人を許してくれと書類を提出した。

どんな不埒を働いたかは文政六年分の日記が散逸していて不明だ。

十七日に「七人赦免」の通知が届き、翌日、郡手代と子供役（大庄屋の助役）が村へ出張して申し渡した。

萩崎の揚がり屋は、郡部の未決囚を収容する所で、懲罰にも使われた。その間の食料は親兄弟、親類が負担する。

火付け、殺人の重罪は別として、農民に対する刑罰はそう厳しくない。少々の盗みなら過料、人を傷つけても所払い（郡払い、手永払い、村払い）くらいだ。追い払われても、知るべを頼っておとなしくしていれば、帰村がかなうこともある。藩としても、農民の数は減らしたくない。

# 徒刑囚

江戸時代の刑罰に、徒刑《ずけい》がある。一定期間、労役に使われる。

安政二（一八五五）年の「中村平左衛門日記」に、小倉藩の実例がある。

萩崎村（企救《きく》郡）の揚がり屋入りの徒刑の者は両まゆをそられ、総髪。「卜」の字のついた白いはっぴを着ている。道や橋などの普請に従事する場合があり、もしそこから逃げたら召し捕るように――の回文だ。

『小倉市誌　補遺』には、徒刑は十日以上百日以下。毎日、領内の河川修繕に使役す、とある。

『江戸の刑罰』（中公新書）に、熊本藩の例が紹介されている。徒刑は三年以下、五等級。まゆをそられるのは小倉藩と同じ。外に出るときは紺色の上着で、作業は午前八時―午後三時。賃銭を決め、三分の一は藩でためておき、釈放後の生業の資とする。ひまがあれば縄ない、わらじづくりで貯蓄させたという。

福岡藩でも、安政年間に幕府の人足寄せ場をまねて徒刑場を造った。

小倉藩の牢は七つ。一つは城下の八百屋町、他は六郡に一つずつ。揚がり屋は、未決囚と徒刑囚の収容場所だった。

徒刑になったのは、牢舎三十―百日くらいの軽罪者だったという。

## 出奔・帳外

文政七（一八二四）年に、中村平左衛門が管轄する小森手永（二十三か村）から二人の出奔者が出た。

十月に能行《のうぎょう》村の伊作。内々に筋奉行に通知しておいて行方を捜させたが不明。十一月、正式に出奔届を出した。筋奉行から他郡へ回状が出る。平左衛門は同時に企救《きく》郡内の大庄屋に郡内への触れを依頼する。

十二月には矢山村の源次郎が出奔。農業に精を出さず、手っ取り早い牛馬を扱っていた男だ。

この年は田川、上毛《こうげ》、京都郡などからも五件の出奔回文が出ているが、発見の記事はない。

これらの者は「帳外」となる。村の人別帳から除くのだ。よそで悪事を働いたり、行き倒れで問い合わせがきても「帳外者だ」といえば、連帯責任は問われない。

親類から帳外にしてくれと願書が出た例は、井手浦村の茂平次。親族のもてあまし者だった。

反対に平左衛門が「天道是か非か、因果か」と長嘆息した農民の例がある。貞実者として表彰されたことがある能行村の弥兵衛一家は死に絶え、養子夫婦も働き者なのになぜか困窮していた。平左衛門は香典名目で米四斗を与えた。

# 五分鬢

「中村平左衛門日記」に、帳外（人別帳から外された）者が村に立ち帰り、ばくちをしたらどうなるかわかる例がある。

天保十一（一八四〇）年十二月四日の判決で下曽根村出生の梅吉は三十たたき、五分鬢《びん》、筑前へ追放となる。

たたき刑には三十、五十、百回の三種がある。五分鬢はばくちをした者への刑で、左側の鬢を五分（一・五センチ）耳際までそり下げる（『小倉市誌　補遺』）。たかが一・五センチというなかれ。厳禁のばくちをするほどの男にはしゃれ者が多いから、左右の鬢の長さの不ぞろいは格好が悪い。

梅吉は前年にも立ち帰りで筑前へ追放となっていた者で、二度目だ。ちなみに一番重い追放刑は下関への追い放ち。

同時にほかの十一人にも判決が出たが、三日さらしというのがある。下曽根村の高札場前に小屋掛けをし、一人ずつ仕切って、紙のぼりに罪状を記す。朝から夕方までさらされ、夜は村内に宿をとってもらえる。

村役らも処分された。庄屋は過料三貫文、助役の方頭《ほうがしら》は五百文、五人組には三百—二百文だ。

ばくち取り扱いの刑はこのようにかなり重い。

# 色情一件

大庄屋日記には「色情一件」と題する記事が多い。不倫もあるが、たいていは「おらの村の娘っこと仲良くしやがって」という若者同士のいさかいだ。

「中村平左衛門日記」の文政十二（一八二九）年の一件――。

中貫村の安蔵が、上貫村の幸次郎らにぶん殴られたと庄屋が訴え出る。大庄屋は双方に「演説書」（上申書）の提出を命令。これは、事件として正式に取り上げることを意味する。

恐れをなした上貫村の庄屋が、若者の謝罪書を手に何とか内済にといってきたが、中貫村の庄屋は、相手村の若者の態度が悪いので、被害届は引っ込めないと強硬。

大庄屋は両村の庄屋を呼んで相談、首謀者の幸次郎に「慎み」を命じさせる。月代《さかやき》そりと、一切の外出禁止だ。二週間ほど様子を見て許す腹づもりだったが、素直にいうことを聞くような男ではない。

幸次郎は大庄屋の面前に引き据えられる。大庄屋は親より怖い。以後きっと悔い改めます、と誓った。一件落着まで二か月。庄屋たち、こうつぶやいたに違いない。

「全く、近ごろの若い者といったら、困ったものでござりますのう」

# 合馬殺人

文政十二（一八二九）年十二月二十八日、合馬《おうま》村の善兵衛の未亡人（四十歳くらい）と息子（五歳）が切り殺されたうえ、金銀と衣類も盗み取られた。

当初は、この家の養子・利左衛門に疑いがかかったが、翌年六月になって事件は急展開、犯人は利助とわかる。

利助は善兵衛の兄で、利左衛門の実父でもあった。つまり、弟の嫁と甥を殺したことになる。犯行の動機は「色情」。

利助は六十三歳で、現代と違って立派なおじいさんだ。中村平左衛門は日記に、「聞くさえも恥ずかしく思われ候」と書いている。

利助は、拷問で白状に及んだ。目明かしの意を受けた同囚の十人ほどが四、五本ずつ縫い針を持ち、昼夜チクチクと刺しては「やったのはお前だろ」と責めた。これには強情者も耐えられまい。

利助がどんなお仕置きになったかは不明だ。小倉藩の重罪犯の処刑記録としては『行刑録』があるが、文化二（一八〇五）年までしかない。

平左衛門は六月十七日、詳しくは正式書類を見て記すと書きながら記述がない。凶悪事件の続発で、この一件への興味など失ったようだ。

# 入牢・獄門

豊前叢書『行刑録』に宝暦十二（一七六二）年閏《うるう》四月六日、三本松社人の兄・弥太夫（儀太夫とも）を引き回しのうえ平松浦で獄門、とある。三本松社は後の高倉稲荷（小倉北区古船場町）だが、ここには現在マンションが立っている。

同叢書『鵜《う》の真似《まね》』に、この弥太夫を捕らえた町方組の話が出ている。弥太夫は盗みで取り調べ中、小倉港口から船で逃げた。関所破りの重罪だ。このため、町方役人四人が、おいとまとなってしまう。

このうち椎野善助という人が、口惜しやと六部《ろくぶ》（巡礼）に身をやつして方々訪ね回り、ついに備前（岡山）で召し捕って連れ帰った。執念の捜索で、椎野は帰参がかなう。

『行刑録』に注目すべき点がある。逮捕と刑の執行までの期間だ。弥太夫の入牢《じゅろう》は宝暦三年九月二十一日。処刑まで八年以上経っている。

三歳の娘を川に投げ捨てた西鍛冶町の「ふき」も宝暦三年八月二十五日に入牢、獄門になったのは同八年三月十二日だ。

重罪犯といえども軽々には処分せず、慎重な取り調べが行われていた。

# 処刑場

小倉藩に大日向次郎左衛門という侍がいた。先祖に大坂での戦死者、島原の乱の負傷者がいる。この名誉の家の末裔が安永七（一七七八）年二月二十九日、平松浦の刑場で首を切られた。容疑は盗み、ばくちなど数々の悪行。

若いころの話が豊前叢書『鵜《う》の真似《まね》』にある。江戸で、使者として生きたコイを他家へ持参したが、供の者が地面に落としたコイを川で洗おうとして逃がしてしまった。

次郎左衛門、どうしたか。取り次ぎの人に事情を説明し、目録に金を添えて差し出した。「何とぞ、よろしくお取り計らいくだされ」と頼まれた相手もできた人で、「うまくやっておこう」と請け合ってくれたから万事収まった。年若の割には、あっぱれな仕方とほめられているが、どこで道を踏み外したか、あとがいけない。

処刑場跡は現在、墓地になっている。小倉北区平松町から極楽橋（当時は地獄橋）で板櫃《いたびつ》川を渡って日明《ひあがり》へ。墓地は二か所。最初の方に平松地蔵（法界塔）、少し離れて「日明浜処刑諸霊墓」がある。昔は「地蔵ケ鼻」と呼ばれた海辺だった。気のせいか、断末魔のうめきが聞こえそうだ。

# 天草四郎

米津三郎著『小倉藩史余滴』に、天草四郎の首を小倉で獄門という記事がある。「御当家続史」の写本に、「島原一揆張本、大矢野四郎、次に有江監物の首、小倉へ到来、原町と清水寺の間、往還の右かわに、獄門にかける」とあるそうだ。

大矢野四郎は天草四郎のことで、有江監物も乱の指導者の一人。原町－清水の往還は長崎街道の道筋だ。米津さんは、果たして本当か、と書いている。

『藩政時代の北九州』（昭和四十四年）の「絵踏み」の項は、今村元市さん（現在の小倉郷土会会長）の執筆部分だが、小倉藩の宗門改めに使われた絵像の一つは、島原の乱で、ぶんどってきたものだという。

文政七（一八二四）年の企救《きく》郡の宗門改めは九月七日に大里・西生寺で、絵像を二つ使って早々にすませた。天保十一（一八四〇）年は三月四日の予定が六日に延期された。豊後杵築《きつき》藩に貸した絵像がまだ返却されないためだった。

これで、絵像が複数あり、貸し出しもされていたことが、「中村平左衛門日記」から知れる。

キリシタン禁制の高札が全国で取り払われたのは、明治六（一八七三）年だ。

## 伊賀忍者

二万数千人が殺されたという島原の乱。当然ながら小倉藩も出兵した。大正三(一九一四)年刊の『小笠の光』(横井忠直著)によると、寛永十五(一六三八)年一月二十八、二十九日に先発隊、二月二日には藩主・小笠原忠真《ただざね》率いる本隊が出発した。

六日夜に島原へ。有馬には翌日到着。原城落城は二十八日だ。忠真は三月一日に発足し、六日、小倉へ凱旋。四月六日には老中・松平信綱らを慰労するため足立山で鹿狩りを催した。十五日には、城中に従軍の将士を招いて褒賞。

この乱で熊本藩が払った犠牲は討ち死に二百九十人、手負い二千百二十八人という。これに比べれば少ないが、豊前叢書『小倉藩政雑志　歴代藩主』によると、小倉藩も死者八人、負傷十八人。戦果は生け捕り一、首五十六。

個人記録では首三つが最多で、これは槍の又兵衛として名高い高田又兵衛(うち一つは家来の働き)だ。又兵衛は十文字槍の名手で、その後、妙技を将軍家光の前で披露している。

討ち死に名簿に「伊賀者　井谷四郎兵衛」の名がある。島原の乱には、小倉藩の伊賀忍者十七人が出陣したと記録されている。

# 十文字鎗

小倉藩の慶応二（一八六六）年の知行帳に馬廻《うままわり》二百石、豊津藩知行切米名簿に「中士　二百石」とある高田孫市は、十文字鎗の高田又兵衛（吉次、号・崇白）から数えて八代目にあたる。

又兵衛は、小笠原忠真《ただざね》の播州明石の時代に二百石で召し抱えられた。そのころの話が豊前叢書『鵜《う》の真似《まね》』にある。

知らせを受けた師の中村市右衛門（宝蔵院胤栄《いんえい》の高弟。紀州徳川家で五百石）は、鎗術と馬術のどちらでかと問い、鎗術と聞いて「私が教えたかいがあった」と大喜びしたという。

又兵衛はその後、島原の乱での戦功、死の床にあった将軍家光の要望で技を上覧に供したことなどで加増を受け、千石に達した。

致仕後も三百石。残り七百石は息子に。寛文十一（一六七一）年一月二十三日、八十二歳で没。法名は高徳院剣誉崇白居士。小倉北区京町四の生往寺《しょうおう》、みやこ町二月谷の峯高寺《ほうこう》に墓がある。

又兵衛は酒豪で、殿様にけいこをつけたあとは大杯で三献が下されるのが例となっていた。一献一升、計三升だ。

鎗の又兵衛は、剣の宮本武蔵とは生涯の友であったとも伝えられる。

# 守り役

豊前叢書『鶏《う》の真似《まね》』にある話。四代・小笠原忠総《ただふさ》には保高《ほたか》藤太夫という守り役がいた。

忠総は幼いころ雷を嫌った。そこで藤太夫は雷が鳴ると若さまを縁の下の石に立たせた。慣れさせるためだ。「じい、こらえてくれよ」と哀願しても許さない。「そんな気弱なことで大名になれますか。外出先の雷鳴で顔色を変えるなど見苦しいことがあってはなりませぬ」

忠総、よほど苦にしたようで、父の三代・忠基《ただもと》に訴えた。

「読書でも何でも励みますから、願いをかなえてくださりませ」

「何じゃ」

「雷の中、立たせるのをやめるよう、じいにお命じください。恐ろしゅうてなりませぬ」

「じいがすることに、わしは口が出せぬ」

もう一つ。部屋住みの五代・忠苗《ただみつ》が刀の鞘《さや》をサメ皮にした。報告を受けた忠総がいった。「わしも部屋住みのころサメ皮を望んだが、藤太夫がにらみおった。あの怖い目はいまも忘れぬ」

これを聞いて忠苗はサメ皮をやめた。著者の小島礼重《よししげ》いわく、「君々たり臣々たり。保高氏は、あっぱれ付き人のかがみというべき人傑なり」。

# 坂越港

参勤交代の小倉藩主はだいたい上りは小倉乗船－大坂着－東海道－江戸の経路をたどる。下りはその逆だが、ルート変更の例も多い。

三代藩主・小笠原忠基《ただもと》のときの享保十三（一七二八）年は、六月十三日に江戸発、日光東照宮を参拝して中山道を下り、七月二日に伏見着、大坂屋敷へ。五日大坂発、播州坂越《さこし》から乗船。小倉帰城は十六日だった。

坂越は赤穂城の東方にある港町で、瀬戸内海の天候によっては、ここや室、兵庫などが上陸・乗船地となった。

坂越には赤穂藩の会所があり、藩主専用の部屋「観海楼」が併設されて茶屋的な機能も果たしていた。

瀬戸内航路も絶対安全ではない。宝永六（一七〇九）年七月に二代・忠雄《ただたか》の弟で、千束《ちづか》藩（小倉新田藩）の初代・真方《さねかた》が小豆島付近で水死したのをはじめ、歴代藩主も何度か危うい目に遭っている。

享保十三年は、赤穂浪士討ち入りの元禄十五（一七〇二）年から二十六年しか経っていない。まだ事件の記憶は生々しかっただろう。豊前叢書『鵜《う》の真似《まね》』には四十七士にまつわる話がたくさんある。

# 赤穂浪士

『鵜《う》の真似《まね》』によると、赤穂四十七士の話題では、小倉の殿さまの関心はもっぱら人数だったことがわかる。

四代・小笠原忠総《ただふさ》いわく、「浅野が五万石で四十七人なら、小笠原は十五万石だから百五十人でなければならぬな」。

近習が「いや千五百人は、馳せ参じるでありましょう」というと、忠総は大喜びしたらしい。

長府毛利家に預けられた浪士の話もある。十人が、この世の名残に一緒に行水がしたいと所望した。毛利家では巨大なたらいに湯を満たした。浪士たち、湯を掛け合って遊び戯れる。切腹を前に「さすがは赤穂武士」。

ご参考に、この十人の浪士の名を挙げておく（算用数字は年齢。かっこ内は切腹の場で介錯した毛利藩士）。

岡嶋八十右衛門〈38〉、杉野十平次〈28〉、小野寺幸右衛門〈28〉（榊庄右衛門）

吉田沢右衛門〈29〉、勝田新左衛門〈24〉（進藤為右衛門）

武林唯七〈32〉、前原伊助〈40〉（鵜飼惣右衛門）

倉橋伝助〈34〉、間新六郎〈24〉（江良清吉）

村松喜兵衛〈62〉（田上五左衛門）

# 浦方役所

文政十一（一八二八）年三月七日、中村平左衛門へ、長浜の庄屋・助右衛門から届け出があった。長浜の勘次郎の船が岩国で難船したという。大坂行きの客を乗せていたが全員無事とのこと。

三月二十八日夜、勘次郎は一切の始末を終え帰国したが、持ち帰った岩国の「浦状」が問題になる。遭難一件を記した証明書だが、太宰府の一人が水死したとある。

浦方役所の厳しい取り調べの結果、五月四日に裁許。「船頭株取り上げの上おしかり」。

五月一日には、難船の広島の船の乗組員五人を長州の漁船が救助、小倉領の田野浦へ上陸させて去る、という何とも複雑なことが起こる。

浦方の調べに郡方も立ち会い、難船の場所を田野浦として、浦方役所が書類を作成することになったが、難題は、船材がはるかに離れた宇島に流れついたことだった。

「宇島は管轄外だ」という浦方を何とか説得、宇島の船材を田野浦に運んだ、という形式にすることで、やっと落着した。実際には宇島で、すでに船頭に引き渡されていたのだった。

お役人さまは時々こむずかしいことを仰せになる。

# 在宅武士

文政十一（一八二八）年八月、二度の大風が小倉領を襲う。九日夜は家屋の全半壊六千余、死者七十三、けが百七十五人。二十四日昼は全半壊三千近く、死者八十八、けが十人。

中村平左衛門の役宅も九日に倒壊、命からがら逃げ出した。小倉藩は郡中に六万石余の下げ米を行い、家屋の復旧への助成をしたから、財政は窮迫、藩士の給与を大幅削減した。

大庄屋の知行米《ちぎょう》も、五十石の者は手取り十二石余、四十石の者には十石余しか渡らなかったし、例年、別途与えられる金一両二分も、この年は中止になった。

九日夜の大風では、楠原村の白木崎に「在宅」の牧野次郎兵衛（馬廻《うままわり》、三百三十石）の十七歳の息子が死んだ。倒壊した家屋に足を挟まれて動けない。助けようとすると、「まず、おばあさまを」という。次郎兵衛が老母を背負って出る間に火が出て、息子は焼死した。

「誠に孝行の志、感涙を流し候」と平左衛門は哀悼している。

在宅とは、藩士が城下でなく郡部に居宅を構えることをいう。村民に嫌われた者、村のよき補導者として慕われた者、人さまざまだという。

# 役人批判

文政十一（一八二八）年八月二十八日、中村平左衛門は富野から津田への「手永替え」を命じられる。一人の大庄屋の死で、残る五人全員が転任という大異動だ。

前年、小森から富野へ転任したばかりのうえ、八月九、二十四日の大風で、大被害が出ている。「なぜこの時期に」との抗議は通らない。平左衛門は日記に書きつける。

「さてさて素人ばかりのお役人にて嘆かわしき次第」

「時節をわきまえぬ人々ばかりなり」

新任地では年貢決めの交渉がはかどらない。今度は、痛烈な個人批判。

「筋奉行・馬場庄助殿は全くの素人。その日暮らしでやる気などない。万事、代官に相談するしかない」

「その代官・田代儀右衛門殿も柔弱な人で事が運ばないが、筋奉行よりはまし」

平左衛門は、二人には退役覚悟でいうべきことをいったようで、「ことのほかご立腹に及び候事数度なり」。

北九州市立歴史博物館発行の『中村平左衛門日記』第四巻「解題」で、永尾正剛さんがこう書いている。「平左衛門は単なる上意下達の大庄屋ではなかった。ここに中村平左衛門の素顔の断片を見ることができそうだ」

# ご乱行

昭和十五（一九四〇）年発行の『中津藩史』の復刻版を手に入れた。中津は黒田、細川、小笠原、次に奥平氏が治めて、明治の廃藩置県を迎える。

中津小笠原家の五代、八十四年の殿さまの中で、まともだったのは初代・長次だけで、あとはひどい人物ばかりだ。

長次の祖父・秀政と父・忠脩《ただなが》は大坂夏の陣で戦死。小倉の初代・忠真《ただざね》は叔父だ。小笠原弓馬礼法も長次に伝えられた。

長次が五十二歳で没した後は二男・長勝が家督を継ぐが、別荘での日夜の遊宴が江戸に聞こえ厳責を受ける。三十七歳で没。三代目は淫蕩《いんとう》者として避けられた長次の長男・長知の長子・長胤《ながたね》。この人の乱行はさらにすごく、京大坂の遊女数十人を呼び寄せて歌舞宴楽。江戸に召還されて領地没収。小倉の配所で死んだ。四十二歳。

これまでの八万石を半分の四万石に減らされ、城主は長胤の弟・長円《ながのぶ》。三十八歳で悶死《もんし》。長男が四歳で家を継いだものの七歳で死んだため、中津小笠原家は消滅したが、名門のゆえをもってその弟・長興に安志《あんじ》一万石が与えられた。

悪政に苦しめられた中津領民には同情を禁じえない。

# 鳴り物

文政十二（一八二九）年六月十八日、金沢藩主の妹が卒去したので鳴り物停止の触れが中村平左衛門の手元に届いた。

八月十七日にも、熊本藩主の娘・お寅さまの死去で同じ触れが回った。いずれも一日だけ。

将軍家や幕府高官、藩主一族の法事だけでなく、婚姻関係がある加賀、熊本藩などから知らせがあった場合も同様に、領内一統、静かにする。

鳴り物といえば、まず歌舞音曲を思い浮かべるが、それだけではない。行方不明者を捜すときの鐘、太鼓もそうで、許可をもらわねばならない。

七月二十七日、東朽網《ひがしくさみ》村の由蔵が行方不明になった。どうせ野狐の仕業だろう、鳴り物で尋ね回ってみようと、お伺いを立てる。

八月十三日になっても行方が知れないので人相書きを役所に提出したが、翌日、哀れにも由蔵は西朽網村で遺体となって発見された。検視の結果、事件に巻き込まれた形跡はない。やはり野狐のせいなのだろう。

稲の虫を追い払う「虫送り」に鳴り物を用いる時にも、やはり許可が必要だった。鯨油や菜種油を水田に注ぐ防虫法が普及するのは、もう少し先だ。

# 修験者

高札場は、小倉領内に五十七か所設けられ、人の出入りの多い宿町や海辺に立てた。

天保二（一八三一）年、徳力村で、高札に墨を塗るという、とんでもない事件があった。露見すると重罪だから、作事役所へ内々に頼んで修復していたのだが、いたずらはやまない。

このままでは村中が迷惑するので、修験者（山伏）三人を呼んで調べてもらうことにした。

方法は牛王《ごおう》の水。英彦山の「牛王宝印」は裏面に起請文《きしょうもん》を書く紙だ。これを浸した水を使ったと思われる。

誰も見ていない部屋で一人ずつ水を飲ませ、出てきたら、辛いか、甘いか、苦いかと尋ねる。身に覚えがあって水を飲まず、答えられなかった者が四人いた。ついに白状したと、「中村平左衛門日記」にある。四人のその後の運命は不明だ。

高札は、藩主の代替わりごとに作事役所が書き換える。「手負人科人《ておいにんとがにん》かくし置べからず」などと書かれた小倉藩の条文の最後に年月と「右近」などとある。「右近」は殿さまの官位・右近将監の略。左京大夫なら「左京」となる。公儀の高札には「奉行」とだけ記してある。

# 町方・郡方

上長野村の光蔵が小倉城下の京町五丁目、左官・善右衛門方で肥くみをしていると、子供が光蔵の馬のしっぽの毛を抜いた。怒った光蔵が子供を追いかけて頭をたたくのを町の者が目撃。大勢に取り巻かれて、気絶寸前まで殴られた。

町年寄の取りなしで断りを入れ、やっとの思いで帰宅したが、翌朝には吐血する。親類が掛け合いに出向いても相手にされない。

庄屋作成の書類を、中村平左衛門が郡方役所へ持参すると、町方役所に談じ込むという。あまり大げさになってはと平左衛門がなだめるほどの立腹だった。

結局、郡方役所がとった方法は、目明かしの扱いで内済に持ち込むことだった。登場するのは篠崎村の伊崎屋熊次郎。

熊次郎は「願い下げにしてくれ。そうすれば、京町の者から手打ちの酒を出させる」という。

これで納得するか、と平左衛門が庄屋と相談、応ずることになった。

この一件は天保三（一八三二）年四月十六日に発生。五月十八日、提出書類が返却されて、一か月ぶりに決着した。

当時、町に肥くみにいく際は、表面に「豊饒《ほうじょう》」の二文字がある板札を腰にさげた。

# 髪飾り

小倉藩の「文政触書《ふれがき》」に「大庄屋の妻子を始　髪の差物　亀甲《きつこう》銀類は勿論　水牛象牙硝子の類　堅く差留候」とある。郡部の者は木か竹製しか許されない。

天保二（一八三一）年二月六日、中村平左衛門は大庄屋役宅に出張してきた郡目付らの前に平伏した。

郡代からの言い渡し、「前年十二月九日、上曽根村の勘蔵夫婦が呼野の親類宅からの帰り、妻がご法度の水牛のくし、こうがいをつけているのが露見した。これは日ごろ手永内の取り締まり不行き届きのためである。よって、おしかりのうえ遠慮申しつける」。

見とがめたのが下目付だったから家老にまで聞こえ、処分は厳しくなった。勘蔵は二十二日間の戸締め処分。女房はくし、こうがい取り上げ、農業のほか外出禁止（六月二十五日まで）。

「御条目」、「御触」が出るたびに、華美を禁ずる内容が繰り返され、家作、衣類、傘、履物はじめ、婚礼・葬儀の際の料理、皿数まで規制する。

このことは、年貢未納で村を出奔したり、首をつる者がいる反面で、身を飾りたがる富裕な階層も確実に増えていることを物語っている。勘蔵は村役人ですらないのだ。

# 汁を出せ

杉生十右衛門の後を受けて郡代の職にあった筧宇兵衛は、天保三（一八三二）年七月三十日、中風で没した。

筧郡代はかんしゃく持ちだったようだ。「中村平左衛門日記」によると、郡方役所の小林与次右衛門に気にさわることがあったか、「馬鹿ノ何ノと雑言」を浴びせたから、小林は一時、出勤しなくなった。小林だけでなく、ほとんどの人がこういう目に遭っていて、「苦々しき次第なり」。

かんしゃく郡代の後任は山田平右衛門。今度は大庄屋に難題が起きた。御免決めの郡代回郡の際の賄いだ。

御免決めとは年貢高の最終決定のことで、郡代の下役と大庄屋で詰めてあるから、よほどの凶作でなければ、郡代の回郡は儀式に等しい。

このとき、一行に村方から飯を出す。筧郡代のころは平皿と香の物だけと決められていた。その通りにすると、山田郡代から文句が出た。

「平皿だけというのは下々のことで、帯刀の面々へは汁を出すべきである」

平左衛門は反省の弁を書いている。人が替わるとこういうことがある。ひと通りお伺いを立てるべきだった。来年からは気をつけよう。

# 塩ブリ

天保五（一八三四）年正月四日、中村平左衛門らは午前八時ごろ登城した。十一時ごろ、殿さまの名代、家老・原三左衛門への年賀がすみ、「菊の間」に控えていると、郡代・山田平右衛門が現れ、あいさつ。ただちに下城。

午後二時ごろから客屋でお節の振る舞い。客屋は客館ともいう。常盤橋の西側にあり、幕府高官などの接待に使った建物だ。

さて、お膳が出たが例年と違う。平皿にはガン、ゴボウ、ニンジン、里イモなどが並ぶが、今年はガンでなく塩ブリだ。

大庄屋たち、黙ってはいない。「これはどういうわけですか」と賄い方に申し入れる。役人の返答は「お達し漏れで、指示があったのは今朝だった。しようがないので塩ブリで間に合わせた」。

大庄屋代表が各郡の筋奉行に「今後かようなことがありませぬよう」申し入れることで落着。

天保三年には、ずらりと並んだ膳の高低に差があるのにも文句をつけている。四十－六十石の役料があり、抱え田畑も持つのに、何もそう細かいことを、というなかれ。大庄屋も身分は農民。格式と先例だけが唯一のよりどころなのだ。

# 若殿さま

天保三（一八三二）年九月、江戸の若殿が初めてお国入りした。後の七代藩主・忠徴《ただあきら》だ。

これに先立つ七月、郡方役所の小林与次右衛門が企救《きく》郡の大庄屋を自宅へ招いた。代官らも同席しての内談は、こうだ。

「若殿へ郡中からご祝儀を差し出すのが先例で、他郡ですでに動きがある。企救郡は城下郡。後れをとっては都合が悪かろう。当方の指図でなく、おぬしらの申しつけというかたちではどうじゃ」

十月に差し上げの儀式が行われた。企救郡から米五百八十二石余、金二百八十二両余、銀三貫四百七十三匁、銭八十六貫余、藩札一貫百七十匁、人数は六千人以上になった。別に企救郡の大庄屋は四－八両ずつ、合計三十五両。中村平左衛門は五両献金した。

この返礼に若殿からは酒（一人五合）とスルメが下賜された。さらに、今回の献上物は窮民救済の備えにし、到津社で農家安全の祈禱をすると触れ出された。

平左衛門は中津、萩、浜田、久留米などのように百姓一揆が起こらないのは、歴代藩主の仁徳によると感涙にむせんでいるが、さて、どうか。

その日記は、捨て子、出奔、盗っ人の記事であふれている。

# 西村昇七

天保四（一八三三）年の「中村平左衛門日記」にちょっといい話がある。

十二月二十六日。西村昇七殿は年来精勤し、郡方にはなくてはならない人物。歩掛米の中から二十石の拝借が許された。次の年から年に二石四斗、大庄屋から渡される――。

歩掛米《ぶかけまい》とは、年貢不足の村へ足したり、手永や郡の出費にあてたりする地方税的なものだ。このような措置がとられたのは、西村が文政七（一八二四）年に企救《きく》郡筋奉行物書加勢を命じられて以来の正直な勤めぶりに、大庄屋が藩当局に働きかけたからだ。

西村は天保七年に郡目付に。同十五年に昇平と改名。嘉永二（一八四九）年に夫遣役《ぶつかい》。

文久二（一八六二）年の分限帳に六石八斗とある。お目見え以上ではあるが、準士という下級武士だった。明治の豊津藩士名簿に西村昇吉、会計局米方六石八斗、二人扶持と出ている人だろう。

六石八斗＋二人扶持分（一日一升）の三石六斗、計十石四斗。一石を現代の十五万円とすると百五十六万円、月給にしてわずか十三万円だ。

大庄屋たちが昇給運動をしたくなるほど困窮していたのだろう。

それにしても、正直は身を助ける。

# 2
# 多事多難

# 拷問死

天保五（一八三四）年は、中村平左衛門にとって四十二歳の厄年だったが、年初から難事件が起こる。中津領・犬丸村の平七が、出稼ぎ先の下曽根村で盗みを疑われたあげく、村番から拷問を受けて横死した一件だ。

『中村平左衛門日記』第六巻、一七ページの初報から九二ページの裁許申し渡しまで、管轄下の村の出来事だけに、克明に記録されている。事件の経過に興味のある方は、ぜひ図書館でご覧を。

最大の問題点は、うわさを聞きつけた中津藩の盗賊方四人と目明かし二人が乗り込んできて自白させ、藩同士の掛け合いに及んだことだった。

メンツ丸つぶれの小倉藩の取り調べは過酷を極め、中津への内通を疑われた者などは、白州へ引き出されたときには、足腰が立たないほどだった。

事件は一月二十一日夜に発生、判決は五月二十六日。主犯の村番は打ち首、その他関係者は闕所《けっしょ》、追放、過料など。庄屋らは免職で、翌日には平左衛門にも「きっとおしかり」が申し渡された。

平左衛門の差し控えが許されたのは六月十一日。二十九日に、村の若者を招いて厄落としの小宴を催したことだった。

# 庄屋短命

中津領の平七が、下曽根村の村番の拷問で横死する一件があった天保五（一八三四）年、中村平左衛門は男泣きした。

事件で下曽根村の庄屋は免職となり、平左衛門が後任に指名したのは西杇網《にしくさみ》村の庄屋・良助の息子・卯吉。二十六歳。

卯吉は、平左衛門が七年ほど身近に呼んで仕込んだ青年で、この者が長く庄屋を務めれば、下曽根村の風俗も改まるだろうと期待していた。

任命は六月十六日、命を絶ったのは十二月七日だった。西杇網村の妙見池で、水死体となって発見された。

生来病弱だったようで、父親と弟も心配して万事手伝っていたが、この年は旱魃《かんばつ》で年貢の収納がはかばかしくない。心痛のあまり病を発し、入水したと思われた。

卯吉は才気があり、能弁で学問を好み、「色情事」などには目もくれない手堅い人だったから、平左衛門は「不幸短命、誠に慟哭《どうこく》すべき人物」と日記に記している。

人を育て、適材適所に配し、そして決して過重な期待はかけないこと――人を使うことの難しさを痛感しただろう。

激務で、「庄屋短命」という言葉があった。

# 曽根酒屋

天保五（一八三四）年五月九日、下曽根村の酒造家・山田屋長次郎方に四人組の賊が入った。中村平左衛門の注進書に基づいて領内に触れが回る。

十一日に一人が城下で逮捕された。お手柄は目明かし久蔵。久蔵はすご腕の親分だったようで、豊前史料集成『倉藩時式・龍吟成夢』の八百屋町のところに名が出る。現在のＪＲ西小倉駅あたりで、町牢があった。「久蔵ト云フ目明ハ諸国の目明ノ内ノキケモノ、由」と紹介されている。

その後、田川郡の採銅所と香春で二人が捕縛されたが、一人は不明。

盗品は十一月になって山田屋へお下げ渡しとなる。田川郡の分は郡方役所から で、新札一貫五百三十四匁三分、金一両一朱。町方役所からは新札四貫七百二十六匁九分、金二朱、銭八千九百六十文と酒袋、風呂敷など。

新札は天保三年から流通した新しい藩札で、大坂の平野屋が銀主のため「平野屋札」と呼ばれた（天保七年に停止）。

盗まれた金額から見て山田屋は相当な身代のようだが、肝心の酒の味はどうだったか。大庄屋の会合用の酒はもっぱら下関からで、曽根酒は、残念ながら予備用だった。

# とうふ

豊前史料集成『倉藩時式・龍吟成夢』は、幕末の小倉の町の様子を描いた貴重な本だ。

根っからのとうふ好きで、どうしてもとうふ屋に目が向く。

まず豊後橋の西側にあった柳町。ここに中津屋彦七がいた。彦七どうふとして珍重されたという。明治になって豊津に移ったが、「近郷ノ一等ノとうふナリ」。田町四丁目の横丁に、とうふ屋が数軒あり、中でも笹蔵さんが名人だったとある。この横丁の各店は金田村の稲荷社の井戸水を朝夕くんだ。名水だったのだろう。

木町本町には石見屋重吉がいた。以上は紫川の西側の人たちだ。

東側の永照寺（現在は小倉伊勢丹）近くの寺町のとうふ屋のは「お虎どうふ」と呼ばれた。

さらに、鳥町には津田屋七三郎。とうふ、野菜のご用聞きで、とうふは絹ごし。

正月に小倉城内で食べられた「夢想どうふ」は、初代の殿さま・小笠原忠真《ただざね》が夢に見たことから年越しの祝いの吉例になった。安価なものをことさらに好むという、一種の名君伝説だろう。

夢想どうふは津田屋が納入したのではないか、と想像するが、確証はない。

# 天守炎上

「中村平左衛門日記」は、天保八（一八三七）年分が欠けているが、各年の出来事を抄出した「御用日記」を見ると、この年の大事件が二月の大塩平八郎の乱と、一月の小倉城焼失だったことがわかる。

一月四日夜九時ごろ、城内から出火、天守閣や本丸が焼けた。さっそく二月十五日から城普請が始まる。幕府から七千両拝借したが、足りるはずがない。例によって領民に相当の負担を押しつけただろう。

昭和五十二（一九七七）年刊の『小倉城』（北九州市教育委員会編）によると、細川忠興による小倉築城は慶長七（一六〇二）年に始まり、同十二年ごろ完成したという。

元禄十三（一七〇〇）年と享保十五（一七三〇）年の二度の落雷にも耐えた天守閣は、この後、再建されなかった。

幕府の手伝い普請や、天保の大凶作による窮民救助などで台所は火の車だったし、領民を威圧するシンボルとしての天守閣は、すでに意義を失っていた。

細かいことだが、井筒屋刊『読む絵巻小倉』にある、幕末に炎上する天守閣の絵（松本零士さん作）は、イメージ画としては素晴らしいが、正確には間違いということになる。

# 古市宗理

天保八（一八三七）年に焼失した小倉城本丸は、すぐ再建が始まる。同十一年三月十三日、茶道頭（百五十石）の古市宗理が、中村平左衛門の役宅に一泊した。城の庭石見分で村々を回っているのだ。

古市宗理は、足利義昭に仕えて一万五千石の古市播磨守から数えて十一代目。通称・宗理、号・自得斎。

一行は茶方や大工ら総勢七人。山奉行が付き添ってきた。平左衛門がたまげたのは、この茶道頭が大変な酒好きだったことだ。

昼三時半ごろの到着後すぐ飲み始め、酒宴は午前零時ごろまで。料理は古市家出入りの者に任せたから楽だが、何しろ長い。絵も好きで、飲みながらたくさん描く。

平左衛門への土産は扇子二本、越前の付け木、ちょこ一つだった。

翌朝も目ざめると飲み出し、やっと腰を上げたのは午前十一時ごろ。古市宗理が帰宅したのは十八日で、この間、同じように飲み続けたに違いない。いい庭石は見つかったのだろうか。

酒好きの古市自得斎は嘉永三（一八五〇）年五月十二日、五十六歳で没。墓は小倉北区鋳物師《いもじ》町の立法寺にある。

# ブドウ酒

細川氏が小倉、中津を治めていた時代の御用部屋の記録「日帳」が、『福岡県史』近世史料編「細川小倉藩」として刊行されている。

時々拾い読みしているが、成敗、はりつけ、ためし切りなどの記事が多くて楽しめる。殺伐とした事件をお好みの方は、図書館へどうぞ。

寛永五（一六二八）年、細川忠利が上田太郎右衛門にブドウ酒の醸造を命じる。翌年八月、ブドウが熟れたと報告があり、九月、二樽を進上。キリシタン禁制前の宣教師らとの接触で味を覚えたのだろう。

小笠原小倉藩の初代・忠真《ただざね》が大坂でオランダ商館長からブドウ酒を供された記録がある。豊前叢書『小倉藩政雑志　歴代藩主』によると、慶安三（一六五〇）年四月、「小倉の領主が剃髪した人と共に船を見にきた。葡萄酒で饗したのちに帰った」（長崎オランダ商館日記）。

商館長はアントニオ・ファン・ブロウクホルスト、剃髪した人とは、当時十三歳の法雲のことだという。

法雲は後に、初代・即非《そくひ》の法統を継いで広寿山福聚寺《ふくじゅじ》の二世住職となる人だ。小僧の法雲さんもブドウ酒を飲んだのだろうか。

# 法雲和尚

細川家の菩提寺・泰勝寺の跡は今、熊本市の立田自然公園になっている。平成十五年、武蔵ツアーでここを訪れ、歴代藩主の墓を見てきた。細川忠興の隣に、妻ガラシャの墓がある。「秀林院殿華屋宗玉大姉」と、キリシタン女性に仏式の法名。歴史の皮肉だ。

ここには、宮本武蔵の供養塔と伝えられるものの横に泰勝寺二世・春山和尚の墓がある。

春山は、武蔵の碑（小倉北区赤坂・手向山）の碑文を書いた人だといわれてきたが、最近、作家・史家の宇都宮泰長《やすなが》さんによって否定された。広寿山福聚寺《ふくじゅじ》二世住職・法雲の手になるという（『宮本玄信伝史料集成』鵬和出版）。

宇都宮さんは武蔵の出生地の二説、播磨（兵庫県）と美作（岡山県）のうち、美作説を根拠なしとして、きっぱりと否定している。

出生地でない岡山県大原町ですら、本の出版や施設づくりに六十億円を投じている。北九州市には武蔵の碑、法雲和尚の墓や、法雲が選述した小笠原忠真《ただざね》の碑など歴史遺産がたくさんあるではないか。これらを総合的に活用しよう、法雲和尚をもっと顕彰しよう、という宇都宮さんの願いがかなうのはいつの日か。

# 西山宗因

『読む絵巻小倉』によると、連歌師・俳人の西山宗因は五度、小倉の地を踏んでいる。

最初は寛文四（一六六四）年。殿さまは初代・小笠原忠真《ただざね》で、明石城主のころからの知己だ。二代・忠雄《ただたか》の元服の祝いに招かれ、広寿山福聚寺《ふくじゅじ》の開祖・即非《そくひ》にも会った。二度目は翌年。忠真の古希の祝いで「小倉城御賀千句」を残した。この千句と、大坂へ帰る船旅の日記は豊前叢書に収録されている。三回目は寛文七年。忠雄の家督祝いと忠真の三回忌で訪れた。このとき広寿山二世・法雲和尚により剃髪《ていはつ》、出家した。四度目は延宝二（一六七四）年、最後は同六年。綱敷天満宮に参詣し連歌を奉納している。

宗因は肥後八代の城代・加藤正方の侍臣だったが、加藤家改易後は京に出て連歌を学び、のちには大坂で談林派俳諧の祖となった。

広寿山の釈迦堂の横に宗因の句碑がある。

「いざ桜われもそなたの夕嵐」

広寿山は「第一関」門以外はふだん閉じられているが、お盆や春秋の彼岸の時期は、墓参りの人のため諸門が開放され、山内を拝観できる。ただし「不許葷酒《くんしゅ》入山門」である。

# 石原売炭

松尾芭蕉の句碑は全国津々浦々にあり、小倉北区内には、上富野の延命寺に「古池や蛙飛込水の音」、竪町の安国寺には「八九間空て雨ふる柳かな」がある。

芭蕉とほぼ同時代を生きた小倉の俳諧師に、石原売炭がいた。

売炭は、長崎奉行やオランダ商館長の定宿を務めた大坂屋に生まれ、同名の小倉織の大問屋・大坂屋を継いだ人だ。

三十六歳ごろ京の北村季吟に入門、小倉に帰ってから宗匠としての地歩を固めたという。

売炭の句は古風だったというが、芭蕉が元禄七（一六九四）年に没して後は、蕉門十哲といわれる弟子たちが九州に続々とやってくる。向井去来、広瀬惟然《いねん》、志太野坡《しだやば》、各務支考《かがみしこう》らそうそうたる人たちだ。

これを受けて句風は、蕉風を加味したものに変化したそうだ。

売炭については諸書が少しずつ触れているが、小倉郷土会「記録」第一冊の延木白水さん「石原賣炭」に勝る論文はない。ここから句を紹介しておこう。「世の春やかたむる門司の硯石」、「平家かにめたつ柳か浦の浪」、「暁のかげやかすまぬ和布刈鎌」、「着初るや袂豊前の小くら織」、「降雪によむるか黒き文字の山」

# 稲虫駆除

天保七（一八三六）年六月十六日、郡代・原源太左衛門から「雨続きで稲に虫気が見えるから鯨油を与える」とお達しがあった。

領内に四百八十六丁（一丁に三斗九升入り）。珍しくもタダでくれるという。『江戸物価事典』（小野武雄編著）を見たが鯨油は載っていない。値段がわからないが、そう高いものではなかろう。それにしても、タダというのには当然わけがある。

この年、小倉藩は信濃、美濃の国の川普請を命ぜられ、領内から三万両をかき集めている。借銀ではなく差し上げだ。京都郡行事村の飴屋、上毛《こうげ》郡宇島の万屋に五千両ずつ。残る二万両は六郡割りを命じた。

鯨油などを使う注油駆除法は、日田出身の農学者・大蔵永常が文政九（一八二六）年に刊行した『除蝗録《じょこうろく》』によって広まった。

水田に油を注いでおいて、ウンカなどの稲虫をワラぼうきなどではたき落とす。虫は、油で気孔をふさがれて死んでしまう、というものだ。

たいまつを手に、鐘や太鼓で田を巡る「虫送り」よりは進歩したやり方だが、効果はどうだったたか。「天保の飢饉」の只中だった。

# 寄鯨

『福岡県史』近世史料編の「細川小倉藩」にはいろんな動物が登場する。殿さま（細川忠利）へオオカミの頭の黒焼きを贈ったり、中津にいる三斎（忠興）にシカの腹子を黒焼きにして進上したり。

寛永六（一六二九）年には鯨の記事がある。備後（広島）の漁師十三人が突いた一頭を門司・田野浦へ持ってきた。

漁師から忠利公へ献上する部分以外はすべて三斎公がお買い上げと決まり、中津から鯨の奉行二人が小倉へ。代銀は百九十一匁六分八厘だった。

約一か月後、この漁師たちが長さ九メートルの鯨を突いてきた。中津にお伺いを立てると、「もういらぬ」。あきたらしい。

小倉郷土会の「記録」第十冊に吉永禺山《ぐざん》（卯太郎）さんの「小倉近海の鯨」という論文がある。

突鯨＝生きたのをしとめる。入札し、落札価格の二十分の一が運上

寄鯨＝弱ったり死んだのが浜へ寄ったもの。運上は代金の三分の一

流鯨＝死体が漂流しているのを浜揚げしたもの。十分の一が運上

切鯨＝漂流している鯨肉を船から切り取る。運上は二十分の一

寛文十一（一六七一）年には大里沖で三〇メートル近い鯨がとれたという。

# 馬糞療法

中村平左衛門の持病は痔疾《じしつ》だった。医者に、膏薬、粉薬をもらうが治らない。天保七（一八三六）年七月二十六日から画期的な療法を試みる。

耐え難いほどの痛みに、郡方役所の手代・高畠慶右衛門から聞いた話を思い出し、人をやって詳しく尋ねさせた。

新鮮な馬糞をワラ包みにし、小便に三日ほど漬け、ほうろくに、その汁をたらす。木綿で覆って炭火で熱する。丸い穴を開けた箱にまたがって、湯気で肛門を日中五、六回、夜二、三回温めるやり方だ。

何と、これが効いた。八月十四日夜に療治を終え、全快したと喜んで戯歌《ざれうた》を書き添えている。

「此よふな薬か又とあら馬のふんづけつつの穴の病に」

対症療法で全治するはずがない。死ぬまで悩まされ、馬糞療法を繰り返すことになる。

この年、平左衛門は春に黄疸を患い、回復まで一か月かかっている。さらに秋には左の足の裏にマメができて苦痛にうめく。田んぼの見回りにはたらいに乗ってかつがれていき、小倉城下に用があるときは、かごに揺られた。平左衛門、最悪の一年だった。

# 疱瘡神

豊前叢書『鵜《う》の真似《まね》』に、年代不詳としてこんな話がある。

塩三源太左衛門が江戸へいく船中で夢を見た。疱瘡神《ほうそう》が船に同乗させてくれ、という。同意すると、礼として神名「ヤカムカヤクエ神」を教えてくれた。これを紙に書いて戸口に貼ると、疱瘡が軽くすむという。

夢から覚めたが、どういう漢字かわからないので、片仮名で書きとめておいた。これが知られ、いまでは大方の家で貼っている、と書いてある。

疱瘡（天然痘）は恐れられた病気で、生死に関わり、助かっても顔面に醜い痕跡が残ることが多かった。

天保五（一八三四）年の「中村平左衛門日記」に疱瘡にまつわる話が二つある。まず二またマツタケ。これが薬になるというので、筋奉行・加藤三兵衛が書記の西村昇七を通じて頼んできた。平左衛門は、手持ちの一本を差し出した。

次にお守り。代官の小牧平助からの依頼で、中貫村の真光寺から取り寄せた。どちらも自宅の幼児のためのものだろう。まだ神仏や、まじないに頼る時代だった。

小倉領で牛痘法による種痘が始まるのは、このときから約二十年後のことだ。

# 極老の者

天保六（一八三五）年三月二十二日、大里お茶屋で七十歳以上の老人に祝いの鏡餅が下された。

このときの企救《きく》郡伊川村（現在の門司区）の名簿が門司郷土叢書にある。九十五歳の小三郎を筆頭に、男十五人、女十一人の計二十六人。伊川村は、天保九年に八十九軒、男二百二十八人、女二百二十一人の計四百四十九人。七十歳以上老人の割合は五パーセントほどになる。

「中村平左衛門日記」にも前日の二十一日、城野お茶屋で七十歳以上に養老のお達しと鏡餅、と出ている。筆頭家老以下が領内を巡回しての敬老行事だったのだ。お茶屋は藩主の休憩施設で、このほか呼野、香春《かわら》、苅田《かんだ》、大橋、椎田などにあった。

長寿者については福岡藩の民政の記録『博多津要録』に驚くべき数字がある。宝暦九（一七五九）年の九十歳以上の書き上げで、土居町中の喜兵衛の母九十五歳を最高に、博多で十一人、福岡で五人の計十六人。

乳幼児の死亡率が高く短命の者が多かったといわれる江戸時代だが、長生きした人がいたことも忘れてはなるまい。

中公新書『殿様と鼠小僧』（氏家幹人著）には天保五年の旗本の現職者が出ている。西丸槍奉行・堀甲斐守、九十四歳。すごい。

# 万丈和尚

古書店で『逍遥《しょうよう》』という本を手に入れた。円通寺（小倉北区妙見一）の十五代住職・林文照師が発行した、十二代・万丈《ばんじょう》和尚の遺稿集だ。千部限定の非売品。

円通寺は、戦前までは円通庵《えんづあん》といって、広寿山住職の隠居所だった。終戦のとき廃寺同然となっていたのを、林文昭住職が円通寺として再興したものだ。

十二代・万丈は、広寿山の二十世住職のあと京都の本山・万福寺の三十七代管長。引退して小倉に帰り、円通庵で暮らした（号・逍遥）。

円通庵の開基は、広寿山二世の法雲和尚。万丈は明治三十五（一九〇二）年に八十九歳でこの世を去った。

悟りきった万丈和尚には狂歌に面白いものが多い。紹介する。

「老の身は少し呑まねば物淋し山は寒くて友達はなし」

「酒代につかへ金玉売ろうとてとみに言ふても買ふ人はなし」

「長いきを問ふ人あれば言い聞かす悪事色ごと我は仙人」

小倉の最後の殿さま・小笠原忠忱《ただのぶ》が明治三十年に死んだときの歌。

「引導を渡して仕舞ひそのあとは一杯呑んで我も成仏」

# 乳母入用

天保五（一八三四）年十一月六日の「中村平左衛門日記」に「島十左衛門様御方、乳持の女御入用ニ付」心当たりがあれば申し出るよう、企救《きく》郡役所から命ぜられたとある。家老・島村十左衛門のことだ。

家老級になると、小笠原内匠を「小内匠様」などと書く。島村を「島」とするのも敬意表現だ。

平左衛門が八日、上長野村の半蔵の娘を差し出しましょうかと伺うと、ほかで見つかったから、今回は見合わせるようにということだった。

乳母を必要としたのは島村志津摩《しづま》だろう。白石壽著『小倉藩家老島村志津摩』によると天保四年三月二十八日生まれ。十左衛門の長男で、母は長府藩家老・迫田伊勢之助の六女クニ子。

乳母募集は、母親の乳の出が悪くなったのか、実母と引き離す上級武士の家の習慣なのか。

島村志津摩は十歳で千二百石の家を相続、二十歳で家老。二十二歳のとき、勝手方引き受けに。いわば総理大臣兼大蔵大臣、島村内閣の首班だ。

後に家老免職で暇になると、よく狩猟に出た。その行き帰りに平左衛門らが茶の接待をずることになるなどとは、双方ともまだ思いもよらぬころの話だ。

# 奉行切腹

築城《ついき》郡筋奉行・延塚卯右衛門が切腹した。天保七（一八三六）年十二月二日のことだ。

「中村平左衛門日記」には各年の主要項目を抄録した「御用日記」がある。北九州市立歴史博物館刊行の第一巻に収録されている。

「切腹の様子、法にかないて至って見事なることのよし」とある。遺書は『福岡県史』第三巻下冊に載っている。

この年の夏は雨が多く全国で大凶作となった。平左衛門は「小倉領などいい方で、相撲番付でいえば小結」などとのんきなことをいっているが、延塚担当の築城郡の実情は大変だったようだ。

年貢決めの際に独断で猶予をし、藩当局に死をもって詫びたものだという。五十五歳だった。

小倉藩では切腹は厳禁だった。罰として切腹を命ずることもない代わりに、勝手に腹を切るのも許さなかった。

延塚家は改易、家名断絶となるが、翌年には息子の藤九郎に、新規召し抱えのかたちで家督を相続させた。慶応二（一八六六）年の「仲津郡国作《こくさく》手永大庄屋御用日記」に「京都郡筋奉行　延塚藤九郎」の名が見える。

卯右衛門の報徳碑は、築上町の綱敷天満宮にある。

# 巡見上使

天保九（一八三八）年四月十九日、家斉から家慶への将軍代替わりに伴う幕府の巡見上使が下関から大里に上陸した。

今回は平岩七之助、片桐靭負《ゆげい》、三枝平左衛門の三人で、それぞれ二十－三十人を従えている。中村平左衛門は、三枝との同名をはばかって前年、平三郎と改名した。

一泊した一行は二十日朝九時ごろ出発、十一時ごろ下曽根着。休息後、京都郡へ移った。これで企救《きく》郡の大庄屋らの役目は終わりだが、実は準備のほうが大変だった。

半世紀前の前回、寛政元（一七八九）年の「巡見御答書」（門司郷土叢書にあり）を書き写して勉強した。

各藩は巡見上使下向の前に幕府へ藩内の様子を記した答弁書を提出するから、これと実際の受け答えが違ってはまずい。読み合わせをし、事前に道筋を歩いての予行演習も行われた。

同時に道づくり、休憩所の建設、人馬調達などの仕事がある。平左衛門はこの時期、ひざの痛みに襲われて杖にすがるほどだったが、何とか務めおおせた。

次の将軍・家定のときには内外多難で派遣できなかったから、この年が最後の幕府巡見使となった。

# 湯殿酒

天保九（一八三八）年の巡見上使下向で、道案内を務めたのは企救《きく》郡では大庄屋三人、庄屋十二人。馬四十九頭、人足二百五十四人、手助け九十八人が動員された。

中村平左衛門は巡見上使三人のうち平岩七之助に付き添った。質問は村の名、年貢高、家数、人数はじめ、山や島の名、道のり、社寺の名前などほぼ型どおりだったが、事前に用意された問答集にはない事柄もあった。何を尋ねられ、どう答えたかは、後日、書類にして藩へ提出した。

予期せぬ質問に「遊女有無の事」があった。小倉領内に遊郭はないが、田野浦に少しばかり遊女はいた。平左衛門はどう答えただろうか。

巡見上使三人は規則を守って酒など飲まないが、京都郡では下々へは茶椀、土瓶に入れた酒を内々に出した。

平左衛門が郡境まで供をした平岩七之助は特に厳格な人物らしく、田川郡でも同様の酒の取り扱いをしたら、従者が見とがめた。宿の亭主が、酒と塩の土瓶を間違えたといいつくろって何とか勘弁してもらったという。以後は、湯殿などで密かに酒を出したようだ、と日記にある。

ああ、酒飲みのいじましさよ。

# 遊女屋

小倉郷土会「豊前」第四号に川西弘太郎さんの論考「田の浦遊女屋」がある。栄門司屋、蛭子屋、勇力の三軒が、多いときで四十人、明治初年には十六、十七人の遊女を抱えていたというが、遊郭とは言い難い。

宝暦年間（一七五一－六四年）には、すでに世間に知られていたようだ。北前船の乗組員らが上客で、海岸の船宿に遊女を招いて遊興した。

栄門司屋の遊女の墓は聖山（門司区田野浦二）にあったが、後にほかの寺に移された。情報は得たが、まだ現地を確認できていない。

論考に「中村平左衛門日記」が引用されているが、刊行されている日記にはなく、『福岡県史資料』第五輯の「中村平左衛門日記・抄録」にある。

天保七（一八三六）年、田野浦新開に御用蔵ができたとき、餅拾いに「遊女なども残らず」きたという。

天保八年には姦通罪処罰の例が引用されている。「女は荒縄で縛り、内外近村を引き回しのうえ、田野浦女郎屋へ下され、勝手次第に召し使うよう仰せ付けられた」

江戸では、罰として遊女におとすことはよくあったが、小倉藩の例は初めて目にした。

# 海峡艶話

下関市彦島の福浦は天然の良港で、昔は北前船の風待ち、潮待ち港として栄えた。

こういう港には遊女屋ができる。下関の郷土史家・沢忠宏さん（故人）著『関の廓盛衰史』によると、遊女が二百人いたという。

この本は非売品で手に入りにくい。沢さんもかつて、手元に一冊しかないと嘆いていた。古書店で見つけたときには興奮したものだ。

門司郷土叢書『島めぐり』の中に一話がある。小倉藩士に浦野某という水泳の達人がいた。

この人、夜ごと奥さんの目を盗んで姿を消す。怪しんだ妻が尾行すると、長浜（小倉北区）から海に入る。毎夜だ。

これは、人みな寝静まったあと、水練に出るのだと納得した奥さんは、さすがわが夫は心がけが違いまする、と尾行を中止した。

ところが、である。この人、夜な夜な彦島福浦に通っていたのだ。長浜と彦島の間の関門海峡を大瀬戸という。干潮のときに姿を現す岩礁でひと休みしているところを漁船に見つかった。

「人知れず福浦に住む情婦の下に通っていた」と書いてある。根拠はないが、遊女だろうと思っている。

# 口説

「義理という字は何からはえる　思い合うたる種からはえる　心中心中は世に多けれど　ためし少ない今度の心中」で始まる「能行口説《のうぎょうくどき》」は、小倉では名高いお千代・儀平の悲恋物語だ。

「おくれたまうなわが夫《つま》さまよ　抜けば玉ちる氷の刃《やいば》　のどに押しあて南無阿弥陀仏　声ともろとも貫く風情　儀平声かけやれ見事なり　いざやわれらも後れはせじと　妻の血刀とるより早く　腹をかき切り一息ついて　返す力《(ママ)》でとどめをさして　同じ枕に打ち伏しにける」が終末。

これは盆踊り歌だが、労働の間に歌われたのに中村平左衛門が作った「孝子吉兵衛口説」がある。

平左衛門日記の天保二（一八三一）年一月五日の項に、津田村中の若者を役宅に呼び寄せて夜なべに縄をなわせた、とある。これは三月まで続け、縄を小倉市中で売って代金は配分した。この間に平左衛門が読み聞かせたのが吉兼村（現在の小倉南区徳吉）の吉兵衛の一代記。

「人と生まれて行う道は　高きいやしき皆おしなべて　親に孝行第一と知れ」の平左衛門の口説は、「能行口説」のようにははやらなかったようだ。豊前叢書に採録されている。

# 里謡・地口

大隈岩雄さん（故人）は土地の古老を訪ねて民話や歌謡を聞き取り、書き残した人だ。小倉郷土会発行『西谷』所収の氏の記録を中心に、里謡や地口《じぐち》を紹介する。

金が無い無い中津口、道の悪いは古船場
日明真珠に長浜馬刀《まて》
行こうか菜園場、もどろか金田、ここが思案の乱れ橋
山で高いは彦山、求菩提、豊後湯の岳、足立山
腹は日明、目は馬寄《まいそ》
腹は彦山、目は求菩提
医者の薬礼と深山《みやま》のつつじ、取りにゃ行かれん先しだい
お茶を一杯、婆さまおいで、嫁の悪口、言うて飲
おしゃかさんでも、ばくちに負けて、四月八日は丸はだか
虚無僧さんには、わしゃ惚れはせん、今朝の尺八、音に惚れた
よんべ来たのに、なぜ出て会わぬ、まこと眠りか、切れる気か
切れる気もない、眠りもせんよ、なぜに雨戸をたたかない
来るか来るかと待つ夜は来んで、待たぬ夜来て門に立つ
今夜来なされ、婆さまひとり、耳も遠けりゃ、目もうすい

# 中村稲荷

天保十（一八三九）年十月二十九日朝、中村平左衛門は、津田村の役宅の納戸の庭で、老いた狐の死骸を見つけた。

四方を垣で囲まれた所に小さな木を枕にして、頭は東、足は北向きにそろえて死んでいた。

老母の願いで、そこに埋めた。母はさらに狐をお稲荷さんとして祭りたいという。

出雲大社の社家・高浜数馬に相談すると、それは至極よろしいという。地元の津田八幡宮の宮司・森山美作も賛成。

十一月八日、小さなほこらを造った。森山宮司が修法をし、近辺の者、村役らを招き、酒肴を出してお披露目をした。上棟祝儀で餅まきも。

ところで、ただ稲荷と唱えるのはよくない。〇〇稲荷とすべきだと宮司がいう。宮司が村の者とはかって「中村稲荷」と命名された。

天保十五年、この役宅の中村稲荷は正一位の官証を受け、五月十日、ほこらの中に納めた。

早く父を亡くした平左衛門に慈愛の限りを尽くした母が死んだのは、安政四（一八五七）年。八十四歳だった。

俗言に「師走の狐は打っても鳴かせ、正月の狐は尾も見るな」という。

# 稲荷奇談

別冊歴史読本『江戸切絵図』に小倉藩の江戸屋敷が載っている。
・上屋敷（神田橋内の大名小路。七千八百四十坪）
東京・大手町の読売、産経両新聞社の敷地を合わせたくらい。
・中屋敷（下谷広小路。六千三百七十一坪）
上野の不忍池からさほど遠くないところ。
・下屋敷（市谷。九千九百八十二坪）
東京女子医大のすぐそば。

このほかに抱え屋敷や拝領地もあった。維持費は相当かかったろう。

『耳嚢《みみぶくろ》』は、江戸町奉行などを歴任した根岸鎮衛《やすもり》が三十年にわたって耳にした珍談奇談を書きとめた随筆集だが、小倉藩下屋敷の話が「稲荷奇談の事」の題で載っている。

一部を松平定信と交換したあとの屋敷を守る鮎川権右衛門の夢枕に老人が立った。屋敷の残りもほかと交換するそうだが、やめてくれ、かわりに火難・病難よけの札を与える、という。屋敷内の稲荷社に参拝すると本当に札が一枚あった。上司に報告、屋敷替えは中止となった。

町に多いものを、江戸では「伊勢屋、稲荷に犬の糞《くそ》」といい、明治の小倉では「お寺、弁護士に医者の町」といった。

# 心付け

天保九（一八三八）年の「中村平左衛門日記」に、火災後の処理の様子がわかる事例がある。

十月十三日昼、上曽根村の彦蔵宅から出火、強風にあおられて飛び火し牛家や稲家を含めて三十二軒が焼失した。人畜に被害はなかったが、年貢米などが灰になった。もみ八十四石、米二十二石はじめ麦類も。

平左衛門は、火消し、翌日の灰寄せの手配など陣頭指揮をとり、被害を筋奉行へ報告する。

火元の彦蔵を取り調べたが、一家で麦まきに出ていた留守中のことだと判明。定めでは、類焼者には藩から心付けが出るが、火元には一切ない。平左衛門は出張してきた山奉行の手代に事情を説明して「何とぞ手心を」と嘆願する。

二十二日から小屋掛けの材木が渡され、二十五日には筋奉行から手紙がくる。「類焼十九軒へ心付け九石。年貢米焼失五十六石余のうち三十石は無利子十年賦で拝借を仰せ付ける」。つまり、三十石は藩からの借り。

年末に小屋掛け料の庄屋渡しが完了した。計銀一貫百四十匁、火元の彦蔵への心付けは三十匁。

小倉藩で竜吐水などの消防ポンプが配備されるのは文久元（一八六一）年だ。

# 奥女中

『耳嚢《みみぶくろ》』は、岩波文庫として全三巻が刊行されている。その中から小倉小笠原家の話。

寛政七（一七九五）年冬、一人の奥女中が行方知れずとなった。捜し回ったが見つからない。二十日ほどすぎて、手水鉢《ちょうず》から流れ出る水を貝殻でくむ女が発見された。行方不明の女だ。

縁の下に入ろうとするのを取り押さえて聞くと、「良縁があって、いまは夫もちだ」という。住居に案内する、というのでついていくと、縁の下にむしろを敷いて古茶椀などが並べてある。

実家に帰して、両親が医薬を施したが、そのかいもなく、まもなく死んでしまった――。

「狐狸《こり》のために狂死せし女の事」と題する話である。

ものはついで、小倉藩ではないが古猫の話も。ある屋敷に長く飼っている猫がいた。客との話で主人が「この猫は、部屋をでるとき、ふすまを開け、あとはちゃんと閉めます。やがて化けるんじゃありますまいか」というと、猫は主人の顔をつくづく見ていたが、その後消息を絶った。

こんな小話が、ごまんとある。お好きな方は、いますぐ書店へどうぞ。

# 役職売買

小倉の六代藩主・小笠原忠固《ただかた》は、天保六（一八三五）年に江戸城中の溜間《たまりのま》詰めになったのに続き、同九年には少将に昇進する。

同十年の「中村平左衛門日記」の冒頭は、祝儀差し上げの記事で埋まる。

一月四日、六郡で五千両の取りまとめを命じられる。企救《きく》郡は千両の負担だ。それも郡代が月末に江戸へ持参するから急げという。

大庄屋百両、助役の子供役十両の割り当てで、代表が下関へ金策にいくなど大騒動。平左衛門は借金する羽目に。

藩側も巧妙で、お祝いとして全領民に酒肴を与え、窮民に米麦を施したりして断れなくする。

平左衛門はいやな役目を負わされた。曽根開作所の元庄屋が中貫村の庄屋職を狙っていた。五十両献金なら願いをかなえる、話をせよというのだ。

「そんな役職の売買めいたことはできぬ」、「何事も時節だと心得てくれぬか」、「私はいやだ。他の者に」、「それではこれが世間に漏れるではないか」と押し切られた。

この件は、中貫村の庄屋就任は認めない代わりに、元の庄屋に復職させることで決着した。さすがに役職売買は役所でも不評だった。

# ご無体

天保十一（一八四〇）年の「中村平左衛門日記」には「御勝手向必至」という字句が頻出する。小倉藩の財政窮迫だ。

天保九年に一石＝銀百五十匁だった米価が、同十－十一年には六十四－六十五匁に急落した。家中一統に「掛け米」が命ぜられ、平左衛門の役料も、前年の十一石六斗四升が、この年は八石四斗八升八合に減らされた。

大雨洪水で不作のうえに、納税についても法改正があった。これまでは物なれた検見《けみ》役が村々を回っていたが、筋奉行と代官だけの取り計らいとなった。

企救《きく》郡筋奉行・加藤三兵衛に対する、平左衛門の不平不満が爆発する。「至って細密に過ぎる人物」で、田の見分の際も自らの足で歩いて計測、ソロバンをはじいては台帳と照合する。これでは時間がかかってしようがない。

「あまりに、ご無体」、「巧者風にて、実は素人なり」とまでいいきる。

さらに年貢米の俵詰めの分量も改正になった。小倉藩は一俵に四斗詰めだが、四合（後には八合）余分に加えるのが定法だったのを、四斗二升詰めろという。なりふりかまわぬ姿勢は、実に「嘆かわしき次第」だった。

# 産母りう

北九州市立歴史博物館発行の『中村平左衛門日記』全十巻は、必要に応じて読み返すのだが、重大な見落としに気づくことがある。

例えば、平左衛門の息子・泰蔵の生母は、文政二（一八一九）年に結婚した「節さん」と思い込んでいたが、泰蔵（初名は虎吉）誕生の部分を点検したら、実は立《りう》という女性だった。

虎吉は文政十三（一八三〇）年八月十一日早朝、企救《きく》郡松ケ江村今津（現在の門司区）の幸七方で出生。「産母」は幸七の娘・立とある。「妾りう」「妻せつ」などの小さな活字を見のがしていた。

平左衛門の母親は跡取りの孫息子に恵まれて大喜びだが、節さんの気持ちはどうだったろう。

中公新書に『江戸の親子』（太田素子著）があり、土佐藩士・楠瀬大枝《おおえ》の日記が扱われている。妻・楯《たて》との間の四子はすべて女児。出産・育児の疲れと、男児に恵まれぬことから狂気を発し、離別される妻の姿がある。

節さんは、よそながら虎吉が生まれて、「子なきは去る」の悲哀からは免れた。「平左衛門日記」に、「妾りう」は天保二（一八三一）年暮れ、小倉・東鍛冶町の某家へ「嫁セシム」とある。

# 御用日記

「中村平左衛門日記」は、天保十二（一八四二）年から十四年の分がないが、抄録の「御用日記」で、この空白の三年を補ってみる。

天保十二年三月、領内「虚無僧吹笛修行」差し止め。五月、京町一丁目の筑前屋応助方で怪異。白昼、火が燃え出すが物は焼けない。どこからともなく石が飛んでくる。町方役人が昼夜、出張した。七月、大雨洪水で上長野村の十人が死亡。十二月、天保八年に焼失した小倉城の再建なる。

天保十三年正月、平左衛門の長男・虎太郎が元服した。津田、城野手永の大庄屋を務め、維新後に企救《きく》郡長となる津田泰蔵（維寧《これやす》）が、この人だ。

天保十四年正月、小倉の商人・麹屋が太宰府のウソ替えで金のウソを得て見物人が群集した。三月十三日ー四月二日、平左衛門は別府・鉄輪へ。しびれ症と持病の痔の湯治のためだ。

五月に六代藩主・忠固《ただかた》が江戸で死去。九月、二男の忠徴《ただあきら》が家督。

平左衛門は天保七年からの下され米（役料とは別に支給）一石四斗八合ー二石を積み立てて上曽根村に田を買う。管轄の村々の道や橋の修繕費にあてるためで、「道田」と名づけた。民政に心を砕き始めた大庄屋の姿だ。

# 中津口

豊前史料集成『倉藩時式・龍吟成夢』に、「中津口御門を出て堀に沿って左へ行くと門司口から長浜に通じる。右へ行くと香春口に出る。香春口の方の堀端に人馬小屋あり」と紹介されている。

この人馬小屋が「中村平左衛門日記」に出てくる。現在の小倉北区中津口二「紫水会館」あたりだろうか。

天保十五（一八四四）年二月十九日、平左衛門ら大庄屋は、完成した馬つなぎ所を見分した。七十二頭収容の総瓦ぶき建物だ。これまでは市中の横丁などにつないでいたが、これで馬も馬士も風雨に打たれない。

用材は城普請のときの小屋が下げ渡しになった。足りない分は、大畠村から出る石炭の運上銀（税）をあてる予定だったが、春から石炭がとれなくなって借金となった。

町の馬、郡部の馬が集結する場所で、ここ専用の馬六頭も購入した。弘化二（一八四五）年には、人馬役所も完成している。

『読む絵巻小倉』に、中津口橋たもとで人力車夫が石炭ガラをたいて暖をとる絵がある。明治三十（一八九七）年ごろ、現在の小倉北区宇佐町付近に「小倉炭鉱」が経営されていたという。

# 戸締め

門司郷土叢書に、天保十四（一八四三）年の「触書《ふれがき》」が載っている。農民の生活が華美にならないよう、微に入り細にわたり規制したものだ。

中村平左衛門の天保十五年の日記に、端午の節句のぼりの規定に触れて処分された者の記事がある。紙のぼり二本が許されるのは、大庄屋、帯刀許可の者、社家で、そのほかは一本だけ。

中曽根村の塩屋・半五郎が木綿のぼり三本、吹き抜き一本を揚げているのが摘発された。筋奉行の手紙でこれを知った平左衛門が庄屋に調べさせると、まさしくその通りだった。

翌日、裁許が下る。半五郎は青竹打ち戸締め、庄屋らは押し込め、五人組はおしかり。

吹き抜き、吹き流し、ショウブ、かぶとなどは一切用いてはならない。ついでだが、ひな祭りも、大庄屋はじめ紙びなのほか一切禁止。衣装つきの人形、土人形、諸道具などを飾ることはできない。

城下町より郡部で、ことのほか厳しかったことは次の文言で知れる。

「郡中の者、市中華美の風儀、見まね致すまじき事」

半五郎が戸締めを許されたのは七日後だった。

# 高野長英

蘭学者・高野長英逃亡のニュースが、中村平左衛門の天保十五（一八四四）年八月十五日の日記にある。

「江戸町医・高野長英と申す者、六年以前より永牢《えいろう》仰せ付けられ居り候ところ、六月二十九日夜、伝馬町牢屋敷出火の節、切り放しに相なり候ところ、その後立ち帰り申さず」行方不明。召し捕りを心がけよ、という触れと人相書きが回ってきたのだ。翌日、平左衛門は手永中に触れを出す。

九月二日には、同行者の分も含めた人相書きの改訂版がくる。「別して寺社など人が多く集まる所に気をつけよ。旅人、僧侶に限らず人相が似た者を見つけたら届けよ」と厳重だ。

先年、大分県中津市の村上医家史料館を見学したが、裏庭に「高野長英潜伏の土蔵」があった。

各地を転々と逃れていた長英が、江戸の隠れ家を捕り手に急襲されて自殺したのは嘉永三（一八五〇）年十月三十日夜だった。

大庄屋の手元には長崎や日田の脱獄者など、手配犯の情報がもたらされる。逮捕された場合も同様で、長英死亡の記事は必ず書かれたはずだが、残念ながら、嘉永三年の日記は散逸している。

# 田地証文

下関・新地の遊女屋、綿屋万次郎が中村平左衛門に訴え出た。嘉永二（一八四九）年二月一日のことだ。

「北方新町と北方村の二人に金を貸し、田地証文をとってあるが返さない。取り計らっておくんなせえ」

平左衛門は篠崎村の目明かし・伊崎屋熊次郎を呼ぶ。「お前がほかから聞き込んだかたちで内済に持ち込み、証文を取り返せ」

二月六日、遊女屋の万次郎がまたやってきた。「先日お頼みした件はどうなりやしたか。ご返答いただけねえなら、お恐れながらと、お役所へ駆け込みますぜ」

二月十三日、金六両の支払いですべて解決し、領収書と田地証文を持ち帰ったと、目明かしから報告があった。

一件の扱いは、平左衛門の一存ではない。筋奉行の書記・三井重平を通じて内々に話を通して了解を求めてあり、心配りは行き届いている。

「郡方目明かし」熊次郎は三月十一日、平左衛門から金一分（一両の四分の一）の酒代を与えられるが、これで日記に名が見えなくなる。

代わってよく登場するのは、下曽根村の紋次郎だ。この男は旅人宿の亭主だとわかっている。

# 江戸参府

平成十五年に出版された新異国叢書『レフィスゾーン江戸参府日記』が手元にある。

嘉永三（一八五〇）年の、結果的に最後の江戸参府となった百二十一日間の旅の記録だ。

オランダ商館長レフィスゾーン、出島医師モーニケに、日本人の検使、通詞ら六十一人が随行して長崎を出発したのは二月二十日。二十六日の朝四時に飯塚をたち、木屋瀬《こやのせ》で昼食、黒崎には小倉の定宿・大坂屋の主人が出迎えた。

「近郊における婦人たち、殊に若い女性が自分自身を装いするために、化粧品を使用しているのを観察した」

人前をはばからぬ日本女性の化粧の歴史は、意外と古いようだ。

二十七日昼すぎ、小倉から船に乗り、下関へ。大年寄・伊藤家に六泊、下関をあとにしたのは三月五日だった。

江戸参府を終えて一行が下関の伊藤家に入ったのは六月十二日。往路と違い、復路は長崎からの荷を待つ必要がない。翌昼には小倉へ。十四日朝五時に出発した。

一行の名簿の中に荷宰領五人の名がある。又四郎、直吉、浅助、仙之助、幾太郎。宿場宿場で酒手をせびった連中だろう。

# ぶらかし

幕府の勘定奉行・川路聖謨《としあきら》が、ロシア使節プチャーチン応接のため西下し、下関に着いたのは嘉永六（一八五三）年十二月二日だった。

東洋文庫『長崎日記』によると、「小倉から小笠原忠徴《ただあきら》の使者がきた。本陣は大変な混雑だが、公儀のご威光、驚き入ったことだ」、「壇之浦をみた。大海と思ったら、長州と豊前の瀬戸で、対岸の村々の窓までみえた」と書いている。三日に小倉へ渡海。家老はじめ家来が多数出迎え、両岸、橋の上にはおびただしい見物人。四日、小倉を出発した。

長崎で、通商を求めるプチャーチンを、得意の「ぶらかし策」で煙に巻き、小倉に戻ってきたのは一月二十六日だった。

川路のぶらかし戦術が功を奏したのは、ここまでで、安政元（一八五四）年三月、幕府は再来日したペリーと日米和親条約を結ぶことになる。

川路聖謨は日田代官所の役人の子に生まれ、幕臣・川路家に養子入り、佐渡奉行、奈良奉行、大坂町奉行から勘定奉行となり、海防掛を兼ねた俊才だった。

慶応二（一八六六）年、中風で倒れ、慶応四（一八六八）年三月十五日、江戸無血開城の日に自殺した。

## 社家・医師

嘉永五（一八五二）年に企救《きく》郡の社家会合が始まった。木町郡屋で月に一度「神書講釈」をする。神職の国学研究会といったところだ。

世話人は門司社の大神豊後守と宮尾社の川江壱岐守の二人。二十五人ほどが出席し、代表が講義する。筋奉行や代官、山奉行、大庄屋らが聴講者だ。まず『古事記』から勉強が始まった。

郡の会計から本居宣長の注釈書『古事記伝』が買い求められた。四十四巻、値段は四両二分。これは郡役所に置いておき希望者が借り出すことになる。

一方、医師会合は五－六年前から始まっていたが、中だるみ状態になっていたので、筋奉行が呼びかけて再興された。

ここでは藩医の西玄礼らが『傷寒論』を講義した。漢方医の聖典とされる古医書だ。五両を投じて『傷寒論』の「弁正」、「集義」、「集成」などが購入された。これらの書物も、社家会合と同じく企救郡役所に置いておいて、貸出制がとられた。

この勉強会は、種痘が始まると威力を発揮することになる。村々の医師を結ぶ組織がすでにあったことで、技術の伝習がスムーズに運んだのだった。

# 種痘法

『緒方洪庵伝』によると、天然痘予防の牛痘法が日本に伝わり各地に広がったのは嘉永二（一八四九）年だった。

中村平左衛門の嘉永七年五月二十六日の日記に「津田村内の小児四人に牛痘」とあり、六月十二日に小倉藩から「藩医・吉雄蔵六を師匠として、郡内の医師は牛痘法を学べ」と命じられる前に、すでに種痘が行われていたことがわかる。指導した藩医は吉雄蔵六（敦《あつし》）と萩野元碩の二人。津田手永の郡医は福田芳洲、有松元立、加治元幹、則末周輔の四人。郡代からは一切、謝礼をとってはならぬと厳命された。

この年、中村平左衛門が管轄する津田手永で種痘を受けた子供は、藩医から五十一人、郡医から千三十八人の計千八十九人だった。

十月十一日、平左衛門の役宅での種痘にきた十人の子供に、せんべいと握り飯を出した。

十月十八日には、七十人ほど集まったうち五十五、六人に種をつけた。吉雄蔵六と四人の郡医が施術。親兄弟にも握り飯と菓子を用意した。

種痘が始まったころ、おはらいがすむまで待ってくれ、と申し出る村さえあった。まだ、そんな時代だった。

# 到津八幡

数十年もめた「小倉宿馬一件」が決着したのは嘉永五（一八五二）年閏二月二十二日だった。

幕府役人や日田代官らの通行時に用立てる馬のことで、町方と郡方の争いが続いていた。町方は諸大名らの割のいい方に馬を出し、賃銭の決まっている公用馬（一里が人足十六文、馬三十二文）は郡方に押しつけてきた。これはおかしいという中村平左衛門らの主張がほぼ通った。

喜んだ大庄屋らは、到津八幡宮に記念の常夜灯を寄進した。その後、もうひともめあって、実際の設置は二年後に。

到津八幡への参道は二つある。到津小側からでなく、バス通りから八幡橋で板《いた》櫃《びっ》川を渡ると、石段の手前に三メートルを超える常夜灯が左右二基ある。片面に企《き》救《く》郡大庄屋の名が三人ずつ彫ってある。

「津田平三郎　柔嘉　小森為左衛門　為延　今村宗左衛門　文儀」

「片野彦次郎　貞高　富野幾之助　富羽　城野武右衛門　宗重」

書は鶴島伴四郎（証文役、十二石）、石工は周防秋穂《あいお》の一室為左衛門。津田平三郎は中村平左衛門のことだ。

# 妻女死亡

中村平左衛門の妻・節が嘉永五（一八五二）年九月二十六日、この世を去った。二十五歳の平左衛門と結婚したのは十五歳のときだった。虚弱で十年ほど前から患いがちだったが持ち直し、弘化四（一八四七）年には息子の虎太郎を連れて讃岐の金刀比羅宮と伊勢への参宮で四十六日間の旅をしてきたほどだったが……。「祈禱、治療、介抱に手を尽くしたが天寿の尽きるところで致し方ない」と平左衛門を嘆かせた。四十八歳だった。

大庄屋の家の葬儀の様子を見てみよう。津田村の成就寺の横の畑をならして葬式。菜園場《さえんば》村の墓地への納棺まで付き添った僧侶は三十二人。「我々ごとき葬送には過分のことで、実にもったいない」と平左衛門は日記に書いている。弔いにきた人は数が知れず、出したお膳の数は三百三十。役宅に入りきれず、数か所に分散して賄った。

村の者、庄屋らが役割を分担して世話したのはもちろんで、大庄屋夫婦への敬意の表明だろう。

平左衛門が念願の伊勢参宮に出発するのは安政六（一八五九）年のことだった。同行六人の中に「妾のぶ」が含まれていた。

# 伊勢屋敷

豊前史料集成『倉藩時式・龍吟成夢』の西魚町に、「伊勢屋敷」がある。「榎倉大夫の宅あり。冬、春は伊勢から榎倉の手代が来て家中、町家へおはらい、伊勢暦を配達する」

西魚町は、現在のJR西小倉駅あたりで、町名の通り、魚問屋、魚屋が軒を並べていたという。川柳に「なまくさき神風のふく伊勢屋敷」。

幕末の地図を見ると、約二三メートル×二五メートルの宅地を占めている。敷地内に神明社があり、遙拝所《ようはい》は伊勢神宮の余材を持ってきて建て、拝殿などは小倉藩が普請したものだという。

伊勢御師《おんし》（旅行業者）の出張所のようなものだ。小倉領の者が伊勢参りにいくと、世話になるのは、いうまでもない。

榎倉家は小笠原氏とのゆかりが古い。小笠原貞慶《さだよし》が信州を追われたときに二年ほど世話になり、この縁で四百石。

小笠原忠真《ただざね》の娘・市松姫が福岡の黒田光之と挙式した際には、桂女《かつらめ》とともに、榎倉若狭武晴も呼ばれて婚儀に参加している。

# 桂女参上

初代藩主・小笠原忠真《ただざね》の娘・市松姫が福岡藩主・黒田光之に嫁したのは正保四（一六四七）年のことである。このとき、小倉から伊藤作右衛門ら古老が呼ばれた。そして「桂参ル」（『福岡県史資料』第八輯の「小倉藩主記録」）。

桂とは、京都の桂女《かつらめ》のことだ。『福岡県史』近世資料編の「御当家末書」で、この桂女の名がわかる。「亀」という。

信州時代の小笠原貞宗が後醍醐天皇から、宮中で用を務めていた桂女を下賜されたという由緒があり、出陣、帰陣、家督、婚礼など大切な門出の儀式に参加した。

亀女は忠真から十石、銀五枚、四人扶持《ぶち》。二代・忠雄《ただたか》のときには加増され二十石、四人扶持。桂帽子をつけて、とあるだけで実際にどんな儀式を行ったかは不明だ。ただ、殿さまが初めて江戸から小倉に入国する際、入城の先導をしたことはわかっている。

夫は代々、西又右衛門を名乗ったが、この夫婦はどこに住んでいたのか。通常は京都にいて、用があれば江戸へ、小倉へと駆けつけたと思っているが、証拠はない。

薩摩藩も桂女を抱えていたという。鹿児島の文献を調べたら桂女の実態がわかるかもしれない。

# 西一鷗

『博多津要録』巻之六に、ご隠居さま（福岡三代藩主・黒田光之）が小倉の藩医・西一鷗を櫛田神社の祭礼の山笠能に招いたときのことが出ている。

宝永三（一七〇六）年六月、藩が家老の桟敷を借り上げた。むしろ、竹、縄、大工賃など銀百三十三匁三分一厘の費用がかかった。金に換算すると二両余。現代の金銭感覚では三十万円以上だ。

「西一鷗老」と文中にあるように、二年後の宝永五年に没した。西清庵の名乗りを、後に父と同じ「一鷗」に改めた人だ。

父の一鷗は肥後・八代の生まれ。熊本の加藤家が改易後も、細川氏に厚遇されていたが、小倉の小笠原忠真《ただざね》が高名を聞いてもらい受け、五百石を与えた。

熊本藩主は細川光尚。父・忠利の妻は小笠原忠真の妹・千代姫（保寿院）だから、忠真は光尚にとって母方の伯父になる。光尚の死後、嫡男の綱利が幼少のため、忠真には後見が命じられた。名医を所望されても断りきれなかったのだろう。

『博多津要録』は、西日本文化協会から三巻本で出版されている。原本の一部は福岡市、櫛田神社の博多歴史館で見られる。

# 追い腹

『博多津要録』巻之四に、小倉から小笠原主殿助がきた、とある。校注者は、小倉藩の支藩・千束藩《ちづか》（小倉新田藩）の初代・真方《さねかた》か、としている。真方は従五位下、備後守から備中守。主殿助の名乗りは知らないが、年代から見てこの人と推測していいようだ。

博多訪問は、貞享三（一六八六）年。称名寺と京屋助左衛門の屋敷に宿をとり、博多の町衆が人足賃と道具の損料を福岡藩から受け取った、という記録だ。

真方は小倉の二代・忠雄《ただたか》の弟で、生母はともに側室の永貞院。兄から一万石の分与を受け大名に列した。小倉城下の篠崎に屋敷があり「篠崎侯」とも呼ぶ。正室は秋月藩主・黒田長興《ながおき》の三女。

福岡の三代・光之へは小倉の初代・忠真《ただざね》の娘・市松姫が嫁いでいる。小笠原、黒田両家のきずなはこのように強い。

真方は宝永六（一七〇九）年七月五日、瀬戸内海の小豆島沖で難船、水死した。門司郷土叢書によると、このときの殉死者は百一人という。

熊本藩主・細川忠利の死で追い腹を切ったのは十八人というから、数が異常に多い。殉死厳禁が武家諸法度に明文化されたのは五代将軍・綱吉のときだ。

# 諸事改革

嘉永七（一八五四）年、小倉藩に幕末の改革の旗手二人が登場した。家老・島村志津摩《しづま》と郡代・河野四郎だ。

さっそく過去五年分の大庄屋、小庄屋の帳簿の提出を命じる。中村平左衛門は六郡吟味役として検査係の筆頭格となる。

七月二十三日に始まった帳面調べは、閏《うるう》七月をはさんで、八月六日まで四十二日間に及んだ。六郡とも計算におかしなところがあり、その分は取り立てられ、「社倉米」に加えられた。

特に京都郡では不正が多く、自訴してくる庄屋が相次いだ。これが翌年、粛正のため、平左衛門が同郡二手永の大庄屋に転役を命じられる伏線となる。

すべてが終わると、郡代が老母へ土産にせよ、とアメつぼを渡した。まさにアメとムチだ。

平左衛門は、その返礼として後日、ヒエと大唐米の「しらけ」（ついて白くしたもの）を一升ずつ差し出した。のし紙に「母まん八十一歳」。

郡代は、老母へよしなに、の言葉と昆布一束をくれた。年末には帳簿検査に対し金三両。

若く気鋭の島村・河野コンビによる「諸事改革」が始まった。

# 拷問許可

中村平左衛門に安政二（一八五五）年正月、転勤命令が出た。企救《きく》郡から京都郡へ。延永《のぶなが》と新津《あらつ》、二つの手永（現在の苅田《かんだ》町、行橋市あたり）の大庄屋だ。

六月二十三日の日記に退役を願う口上書の控えがある。

「老衰で気力が衰え、しばしば目まいを起こす。脱肛で、遠くへの歩行が困難。小用が頻繁で、筋奉行と面談中、何度も中座する無礼をしてしまう。こらえようとしたら気絶寸前になる。目も悪くなって、夜は文書も書けない」と多病を訴えるが、慰留される。

この年、管下三十五か村に一村一部ずつ、農書『除蝗録《じょこうろく》』を私費で配布し、極貧の家の盲女には三味線を与えたりした平左衛門だが、別の顔も垣間見せる。

与原《よばる》村の若者らが南原《みなみばる》村の半次郎に乱暴する事件が起きた。実際にけがをしているのに、殴っていないと言い張るのに業を煮やした平左衛門は取り調べに乗り出す。それでも白状しないと、筋奉行に拷問の伺いを立てる。

「少々なら」と許可を得て、割り竹で三、四回たたかせたり、割り木に座らせたりして、ついに自白を引き出した。

平左衛門、六十二歳。短気で怖い一面だ。

# 手製白酒

嘉永七（一八五四）年八月十六日、筋奉行・西正左衛門の回文がきた。役人出郡の際の賄い方についてで、休泊一賄いは八分（一分は銀一匁の十分の一）、無酒。上茶、菓子は一切無用、という。

これを受けて中村平左衛門が、どう対応したか。

九月四日、代官・中村栄左衛門と手代がやってきたが、この二人は下戸。それでも膳の上に酒を少々出している。

九月九日、下戸の代官と山奉行・山田周蔵はじめ、田畑の検者らがやってきたときには、家来も引き連れているから酒を出した。手製の白酒だという名目で、上酒七割に白色をつけたものを土瓶に入れた。

白酒、土瓶というのがミソで、これは正式な酒ではない。何とも酒飲みのあしらいを心得た手口だ。

十月十五日の貫社の祭礼に当の筋奉行が代参。ここでも、「手酒」と、「なます」と称して刺し身を出したが、「こりゃ平左衛門。おぬしは酒を出してはならぬというわしの回文を見ておらぬのか」と激怒した形跡は、全くない。酒飲み同士の以心伝心、アウンの呼吸というのだろう。

# 大酒・乱心

大庄屋の日記に、武士が自殺した際の様子が記録されるのは極めてまれだが、安政三（一八五六）年に一例がある。

十一月十七日、京都郡・仲津郡の回り役・松野初右衛門が自裁した。場所が行事村の庄屋宅だったため詳細がわかる。回り役は郡代の支配下で、管内の村々を巡視する役人だ。十四日に行事村にきてから回村もせず、昼夜、酒ばかり。

布団の中で寝たまま脇差しを突き立てた。医師が薬を塗り、独参湯《どくじんとう》（気付け）を用いたが効果なし。

左乳の下の縦傷は長さ二寸、深さ三寸（一寸は約三センチ）。さらに左側に横傷があり、長さ一寸、深さ三寸。右手にかすり傷二か所。

着衣は肌着二枚、あわせ二枚。所持金は藩札で銀八匁。これら検視書類に郡目付らとともに中村平左衛門も署名した。

わけのわからないことをいっては酒ばかり飲んでいたから、「乱心」で片づけられただろうが、小倉藩では自殺者は「おとがめ者」扱いだ。

小倉郷土会「記録」第二十六冊に「敬止堂筆記」という史料がある。これによると、自滅者の子供は親類預けとなり、相応の結婚までは厄介者となる。

# 江戸地震

安政の東海地震、南海地震では、他の地域に比べれば被害が小さかった小倉藩だが、翌年の安政二（一八五五）年十月二日の江戸地震では無傷とはいかなかった。

「理科年表」によるとマグニチュード六・九。三十余か所から出火、一万四千余戸がつぶれたり、焼失したりした。死者四千人余。この中には、母を助けて自分は圧死した水戸藩士・藤田東湖がいる。

中村平左衛門が藩重役から江戸地震のことを聞いたのは十四日。

小倉―江戸間の文書は通常、月三度の月次《つきなみ》飛脚（三度飛脚）が往復していた。早くても十六日かかるから、この際は〝至急便〟が仕立てられたに違いない。

そのときは「殿さまはじめ家来まで無事」ということだったが、後に「大造《たいそう》な破損」を知らされ、三千五百両の御用銀を命じられた。江戸藩邸の西の長屋がつぶれ、死者も出た。殿さまの住まいも被害に遭い居を移した。

献金三千五百両の内訳は、企救《きく》郡七百両、他の五郡は五百六十両ずつ。中村平左衛門は十両出した。

平左衛門は六十二歳。この年、三階菱紋の麻かみしもを拝領し、自分の名字（中村）の名乗りを許された。

# 孫誕生

　中村平左衛門の息子・泰蔵は、父が京都郡に転役になったあと、企救郡津田手永の大庄屋を拝命した。嘉永五（一八五二）年、二十一歳で結婚するが、妻ミチは翌年、死亡する。安政二（一八五五）年二度目の妻おまさを迎え、同五年に子供が生まれた。大庄屋の家の男子誕生の祝いの様子は――。

　六月十八日、仮の着帯。八月八日、着帯の祝儀に近辺の女性ら十三人を招く。神社に安産祈願の代参人を派遣してお守り札をもらう。十二月一日、男子誕生。医師は佐竹半叟。三日、虎之助と命名。七日、お七夜。村中の女性ら四十三人を招く。十一日、医師へ祝儀を金二分、赤飯とタイ。助産婦に金一分と赤飯。

　翌年一月十八日、宮参りで赤飯を七十軒に。二十一日は昼に二十四人、夜に三十二人を招いて宴《うたげ》。二十六日、虎之助に水痘の様子が見え、佐竹医師に往診してもらう。

　四月二十八日から五月二日にかけて初節句の祝い餅を村内、手永内、親類、小倉市中へ配る。この年元日の日記の孫を祝う歌は「千代の色見えそめにけりひとり子の年も二葉の松の初春」。

　中村家は代々格式大庄屋だから、明治維新がなければ、虎之助も大庄屋になっていただろう。

# 出雲糸車

安政三（一八五六）年三月二日、五人の男女が出雲へ向け出発した。企救《きく》郡と京都郡の女性四人と世話人の良右衛門（上長野村の方頭《ほうがしら》）だ。

本当の目的は、出雲の糸引きの技を学んでくることだが、表向きは出雲大社参拝ということになっている。発案は中村平左衛門の息子・津田泰蔵。

二月十八日、大社参拝の願書を提出。

二十一日に許可書と往来証文、大里証文（大里出切手）が届いた。

二十八日、出雲大社の京都郡担当・森杢大夫へ依頼状を書く。ちなみに企救郡担当は高浜数馬という人だ。

五人が無事帰ってきたのは四月八日。けいこは二週間くらいだが、成果は大きい。出雲流の糸引きは小倉流の倍の速さだった。

一行は糸車などを買い求めてくる。総経費は十両ほどで、半分の五両は、平左衛門が役料で賄った。

〝留学〟した四人のうち、ものになったのは二人だけ。二人は下手くそで、うち一人は他人に教える気などなくて、さっさと遠方に嫁にいった。

行事村（現在の行橋市）弥助の妻・たねの活躍は次回紹介する。

# おたね

出雲へ糸引き修業にいった行事村のおたねさんは帰国後、大忙しとなる。

安政三（一八五六）年四月十一日、中村平左衛門の役宅で実演してみせたのを手始めに、近村の女性を集めてけいこが行われた。六月の平左衛門の日記には「糸引師匠たね」と書かれている。

糸引きけいこは当初四−七人程度だったのが、八月に入ると二十五人、二十九人、六十人と、だんだん大規模になる。

おたねさんは引っ張りだこで、到津社の神官・川江河内守の妻をはじめ家老、中老の屋敷にも招かれる。

さらに筑前・香月村から二人がけいこに訪れ、長州からも講師派遣の要請がくる。長州へは、おたねさんでなく行事村の三人が出向いた。大事にされ、土産をどっさりもらって帰ってきた。

こうなると器材が不足する。糸車は行事村の桶屋が模造し、紡錘《つむ》は阿波（徳島）に買い付け人が走った。

十二月になると、平左衛門は糸引きだけでなく、行事村で小倉織を始める準備に入る。織り手はもちろん、おたねさん。

糸車をくるくる回してみたい人は福岡市西区徳永の「福岡歴史の町」へどうぞ。

# 鈴の音に

安政三（一八五六）年一月十一日、京都郡の延永《のぶなが》、新津《あらつ》両手永大庄屋・中村平左衛門は、同僚の久保、黒田両手永大庄屋・久保七右衛門の宴に招かれた。後日、一首書き送る（七右衛門は本姓・末松）。

「むすひてし契りは君が名にしおふ末の松山波こゆるまで」

七右衛門の返歌。

「契りてし君かよわいものふなかのなかくもかなと只おもふのみ」（のふなか＝延永）

ただのあいさつ歌だが、大庄屋たち、なかなかやるものでしょ。ついでに平左衛門の老いを嘆く歌を二首。

「緑そふ春し来ぬれと老松はむかへする色の無そかなしき」

「色ませと降る春雨は中々に老木をからす涙也けり」

今度は平左衛門が主導した「長木池」完成の喜びの歌（四月二十二日）。

「音姫の織やおさ木の池のはたにひいぬき通すよろつよの水」

この日、大原社で行われる「花鎮祭」に向けた発句を宗匠に送った。

「鈴の音にこほれる花の静けさや」

四月二十三日、初穂料と発句を奉納した。宗匠はこう直していた。

「鈴の音にこほるる花や花鎮」

# 行事飴屋

大庄屋を退役する寸前の「中村平左衛門日記」に、管下の庄屋たちを招いた会合の際に出した、お節の献立が載っている。

安政四（一八五七）年一月九日。スルメ、数の子はじめ、タイとガンの吸い物、ブリやオバイケの刺し身などが並び、別に本膳《ほんぜん》料理も出る。

この年は天候のせいで生魚がなく、タイ、ブリも塩物だった。前年のツルの吸い物がガンの吸い物になったため、「去年よりは粗末」と書いているが、これだけでも十分豪勢だ。

「器物は一切、飴屋にて借用」したという。飴屋とは、行事村の豪商・玉江彦右衛門のことだ。格式大庄屋で、後に六郡大庄屋の上席となり、京都郡大庄屋らが、商人の風下に立つことになったと嘆くことになる。

安政五年三月十八日、平左衛門は玉江家から頼まれた男子誕生の祝い歌を短冊に書いて贈る。

　玉江ぬしの太郎子をいはひて
雄々しさの末こそ見ゆれ人皆のかけたのむなる松のみとり子

玉江彦太郎著『小倉藩御用商行事飴屋盛衰私史』に「安政四年十一月十二日生。明治二十四年、十代彦右衛門」とある紋二郎か。

# 妾のぶ

安政四（一八五七）年の「中村平左衛門日記」は、三つの大きな出来事を中心に記されている。

一月二十七日、大庄屋職から解放された。六十四歳になり、いよいよ多病に苦しんでいた。

六月二十日の母の死。八十四歳だった。「慟哭《どうこく》限りなく」、「臨終の後、総身を改め乳房をなでて八十四年の高恩に思いをめぐらし」た。

このお母さんは仁慈の心の深い人で、衣食をどんどん他人に施すので、死後、形見分けするものがなかったという。

十二月二十日夜、津田村の稲家から出火、本宅と役宅などが灰になった。不審火だった。

この夜、屋敷には七人が寝ていた。病気の平左衛門まで必死に立ち働いて、公文書や先祖の位牌は持ち出したが、多くのものを失った。

七人の中に「妾のぶ」がいる。前年の日記に、「召使のぶ」と書かれている女性のはずだ。

ところで、「妾」はどう読むべきか。しょう、そばめ、めかけ、はしため？

二人の間には六歳の娘「つき」もいるのに「妻」としない（ただ一か所だけ小さく「妻のぶ」と書いている）のは、先に死んだ愛妻・節への遠慮かもしれない。

# 若返り

安政五（一八五八）年、小森宗左衛門が願いによってお役ご免になり、息子の承之助が小森手永の大庄屋となる。八月二十七日の「中村平左衛門日記」に記されている。また、「小森承之助日記」はこの日付から記載が始まっている。

二十九日、承之助が津田村にあいさつにくる。日記に「津田、富野の大庄屋がいろいろ骨を折ってくれ、中でも津田の大人（平左衛門）はかねて取りなしをしてくれた人だから、大変喜んでくれた」と書いている。

承之助三十四歳、平左衛門の息子・津田泰蔵二十八歳。大庄屋の若返りだ。津田泰蔵が大庄屋代勤として、病気がちの平左衛門を手助けし出したのは嘉永四（一八五一）年、小森承之助が父親の代勤になったのは嘉永七年だった。

承之助は平左衛門のことを書くときに「翁」、「大人」と敬意を払い、折に触れて大先輩の経験と知恵を授けられる。

安政五年十一月、珍しく体調のいい平左衛門は湯川村で起きた土地争いの調停に自ら乗り出したが、徹夜がこたえて、便所へいこうとして気絶、ぶっ倒れてしまう。

もういかぬ、わしの出る幕ではない、と思っただろう。

# 3
# 世代交代

# 検見役

小森承之助の大庄屋就任は、安政五（一八五八）年八月二十七日。最初の年だけに記述が詳しい。まず九月末に年貢決めのため筋奉行、代官と検者（検見役《けみ》）三人が村々を見分。

十七日に出発。昼は日明《ひあがり》、泊は上到津。十八日、下篠崎で昼、蒲生で泊。十九日、昼は長尾、泊は合馬《おうま》。二十日、春吉で昼、木下泊。二十一日、昼は徳力、大畠で泊。二十二日、上富野で昼、大里泊。二十三日引き取り。二十五－二十六日に諸帳面の読み合わせ。

この間、昼飯は膳の上に肴《さかな》二種と酒。夜は吸い物二種、肴三種と酒。木下村あたりで筋奉行らは栗拾いも。

二十七日に、企救《きく》郡は惣定免《そうじょうめん》、願い上げ米七百石、新借三百石で決着した。惣定免とは十－十五年の平均収穫高をもとにした税率だ。田畑には五等級があって税率が違う。

願い上げ米は領主への献上米。新借分は無利子十年賦で藩に返済する。四百九十石の古拝借米の返済は猶予された。

小倉藩では表向き「四公六民」が守られたが、現代のサラリーマンが税や保険料を引かれるのと同様、「六民」がすべて手取りにはならない。そのカラクリは次回。

# 代米蔵

豊前史料集成『郡典私志』は、中村平左衛門が晩年に編んだもので、小倉藩の農政を知るために必須の書だ。

四公六民は「四ツ成、六ツ免」。「成」は取る、「免」は免除。これが原則だが、田畑には上々、上、中、下、下々の五等級がある。よくできる所は「五ツ成」、できない所は「三ツ成」になることもある。

だが、これだけではない。「小物成」という雑税をとられる。

ある人の試算では、百石の米を生産する農民の雑税を含めた年貢は五十石。さらに歩掛米《ぶかけまい》（年貢不足の村へ足したり、郡や手永の出費にあてたりするもの）が十石以上。

これで四十石近くが残ることになるが、まだある。代米だ。藩初には現物を納入していたが、城下から遠い村には米で納めることも認めた。草代米は厩《うまや》組用、大豆代米は馬の飼料、薪代米は領主の炊事所用などなど。

代米の蔵は小倉市民会館の西側にあった。平成十一年十月に発掘調査の現地説明会があり、焼けただれた木材を見た。

慶応二（一八六六）年、小倉城をみずから焼いたときに、この蔵にも火が放たれたのだった。

# 農家経済

『福岡県史資料』第五輯に「小倉藩政時状記」がある。慶応元（一八六五）年、十五歳で石原町の庄屋になった内山円治の文章だ。

農家の生活に触れたくだりに、一町歩（約一万平方メートル）を自作する者は三十俵を年貢として上納しなければならない、とある。

小倉藩は一俵に四斗二升詰めだ。三十俵で百二十六斗＝十二石六斗になる。このもみすり、俵ごしらえや搬出の苦労を述べているが、家計の実態はわからない。

そこで『江戸物価事典』に出ている一例を紹介する。

水田一町、畑五反（約五〇〇〇平方メートル）を耕作する夫婦が、農繁期には一人を臨時に雇うとした場合を概算してある。収穫は米四十石、麦六石、大根二万五千本。

これから田畑の年貢や小作料、諸経費、食料費を引くと残るのは十二両。さらに農具、日雇い賃、生活雑費など十一両余を支払うと手元には二－三分（一分は一両の四分の一）。一両を現代の十五万円とすると七万－十一万円ということになる。

これでは、凶作の年をどうしのぐのか。病気にでもなれば大変なことになる。大庄屋の日記には困窮のあまり村を出奔していく農民の姿が記されている。

# 鯨油の値

先に「稲虫駆除」のくだりで鯨油の値段がわからないと書いたが、「小森承之助日記」に出ていた。

安政六（一八五九）年にも企救《きく》郡役所から稲虫駆除に油を試すよう七升が届き、各村に三合ずつ配分した。承之助自身も菜種油と鯨油を比較してみたが、散り方は菜種、効果は鯨の方がいいようだった。

村々から報告が届いたが、稲田に注入する量で差があり、油種での効果の違いはあまりない。大庄屋会合でも、同様の結果だった。

ここで油一升の値段が出てくる。魚油は銀四匁五分、鯨油が五匁五分、菜種油は七匁。

『江戸物価事典』に安政六年秋の京都の物価が載っている。一升換算で、しょうゆ銀〇・九二匁、酒十九・五匁、灯油〇・〇四匁だ。

軽はずみにも「鯨油はそう高いものではなかろう」と書いたが、つつしんで訂正する。

値段と効果から見て、田の肥やしにもなる鯨油に軍配が上がり、翌年は鯨油注文に決定した。

この年、承之助の管下で虫気が見えた。たいまつでの虫送りを申請、許可されたが、この火で徳光村の横川橋を焼いた。いろんな意味で稲虫は怖い。

# 梅田雲浜

安国寺（小倉北区竪町）に伊達宗興の墓がある。史上名高い伊達騒動で寛文十一（一六七一）年、小倉へ配流。元禄十五（一七〇二）年、五十四歳で没。城内に屋敷が与えられ、従者も六人ついてきていた。

時代は下り、安政の大獄。江戸の小倉藩邸に預けられた元若狭小浜藩士・梅田雲浜《うんぴん》が最期を遂げた。

雲浜（通称・源次郎）は、安政五（一八五八）年、京都で捕縛され、暮れに江戸へ護送。公家侍三人とともに翌安政六年一月九日、小倉藩へ身柄引き渡し。この年九月十四日、藩邸内の獄舎で、かっけのため死亡。

藩主は八代・小笠原忠嘉《ただひろ》（右近将監）だった。小倉藩の右往左往ぶりは昭和四（一九二九）年刊の『梅田雲浜遺稿並伝』に詳しい。北九州市立中央図書館二階の参考資料室にある。

著者の佐伯仲蔵は小倉藩の記録を調べて雲浜毒殺説を否定、「病死と信ずる」と書いている。

江戸留守居役から老中への死亡届は、こうだ。

「御預人梅田源次郎儀、先刻御届申上候後、猶療養仕候得共、不相叶養生、今卯下刻死去仕候。此段私共より御届申上候。以上　小笠原右近将監家来　勝野兵馬」

# 隠し目付

『鵜《う》の真似《まね》』に隠し目付の話がある。幕府お庭番が整備される前の、江戸時代初期のことだ。

その一。小倉藩の家老がある旗本と出会った。この旗本、やけに小倉に詳しい。聞くと、「小倉には久しく忍び入っておりました」。

その二。小倉城下に日雇い稼ぎの男がいた。ある夜、妻子を残して姿を消した。仕事から帰ると、何か紙に書きつけては、ヒツに入れていたという。そのヒツがない。きっと隠し目付だ。妻子持ちでも旅人は油断ならぬ、という話。

その三。井戸掘りが腰に差していたものを落として帰った。中を改めると小さいハマグリに判が押してある。知らぬふりして返してやると、その夜、忽然と消えた。入用の金を受けとるための証拠の判だろう。

その四。安国寺の門に寝て三年すごした物もらいが突然、いなくなった。数年後、江戸へいった和尚が立派な旗本に呼び止められた。「安国寺の和尚ではござらぬか。拙者、久しくご門前でお世話になった者でござる」と自邸に伴って、ごちそうしたという。「さてさて恐ろしきことなり」

# 延命寺

将軍死去で、どんな慎みを命じられるかを、「小森承之助日記」に見る。

安政五（一八五八）年七月四日、第十三代将軍・家定死去。郡代・河野四郎らの名で触れが出たのは八月二十七日。

郡中、蔀《しとみ》を下ろせ。触れ売り禁止。浦々の漁もだめ。音を出す鍛冶屋、桶屋などの商売停止。寺社の太鼓、鐘は仏事以外差し止め。焼き物、瓦焼きも禁止。火の元に気をつけよ、というものだった。

九月二日から順次解禁となる。

四日に承之助ら大庄屋の月代《さかやき》そりの許しが出た。大がかりでない普請や寺社の鐘は十八日から。年貢米を仕立てるときの臼すり歌は「仕事の励み」になるからと、二十八日に許可。門司叢書にある臼すり歌の一例「臼よまへまへ　きりりとまへよ　わしとお前とひくからに」

十一月には十七、十八日に延命寺で法事。この間も諸商売差し止めだ。

延命寺には、享保二十（一七三五）年に東照宮が勧請された。北九州市の『足立山麓文化資源基礎調査報告書』によると、赤坂の山頂にあった延命寺は、慶応二（一八六六）年の兵火で焼失、現在の小倉北区上富野四に再建がなったのは大正三（一九一四）年八月だという。

# 榊姫社

小倉北区京町四から門司口橋を渡ると、長浜町になる。一〇〇メートルほどいくと貴布祢《きふね》神社。本殿の右奥に榊《さかき》姫社がある。小さなほこらだ。もと高浜海岸にあったのを明治になって移したという。

『小倉市誌』に三つの伝説が載っている。

まず城主の側室説。手討ちにもなりかねないほどの怒りを買って、女中と二人で逃げ出した。漁船で下関へ渡ったが、厳しい追及に船頭が自白してしまった。追っ手に捕らえられ、はりつけに。怪異が続いたので、ほこらを建てて祭った。

次いで、小笠原忠真《ただざね》の正室の女中説。使いの帰りが遅くなった。どんなお仕置きに遭うかと恐れ、長浜で船に乗ろうとしたが、船頭の計略でつかまってしまう。おのれ恨めしやと怒死した。

三番目。昔、高橋鑑種《あきたね》が小倉城主だったころ、薩摩から山伏一人、女三人の間者が城中に入り込んでいたが、密書が見つかり、女は長浜で処刑された。のち里人が神とあがめた。

小倉北区上富野の延命寺にも榊姫の碑がある。平重盛の二男・資盛《すけもり》の娘で、安徳天皇につかえた榊内侍《ないし》。帯下の難病で長浜の海女の介抱を受けながら死んだという。婦人病の神となった。

# ドウドウ

「中村平左衛門日記」で、小倉藩の種痘の開始は嘉永七（一八五四）年（十一月二十七日、安政と改元）と知れるが、安政五年の「小森承之助日記」にも関連記事が多く、種痘の普及が確認できる。

十月二十一日、承之助は村々にこの年生まれた子牛の報告を求めた。種痘の夕ネが絶えたため入用となったのだ。

翌日、頂吉村の十一頭を最高に、十一村から計四十四頭の書きつけが届いた。十一月十一日、田代村と三岳村の一頭ずつが小倉城下・職人町の藩医・吉雄蔵六のもとへ。

門司郷土叢書『藩政時代　百姓語彙』から、牛馬を扱う時の言葉を拾ってみる。サシ（左へ）、セー（右へ）、ゼレ（控えろ）、ドウ（止まれ）、ハイ（進め）、ボー（徐行せよ）

他にも牛馬に関して、

イラ（固有の癖）、イレル（怒る）、オンバライ（六月二十九日夕に水浴させる）、べべ（子牛）、ホグル（角で崩す）などの用語が見られる。

牛馬とは関係ないが、「ぬかみそ元気」というかなしい俗語もある。一時的に元気を出しても、ぬかみそばかり食っていては長続きしないことをいう。

# 吉雄敦

『緒方洪庵伝』の塾生名簿に「嘉永二（一八四九）年五月二十一日入塾　小倉藩　吉雄養正（名・敦）」とある。

小倉藩の種痘を指導した藩医の一人・吉雄宗親の長男だ。敦《あつし》は文政十二（一八二九）年、小倉・室町で生まれた。

十二歳のとき日田・広瀬淡窓の「咸宜園《かんぎえん》」へ。五年後の弘化三（一八四六）年、秋月の江藤秦養《しんよう》に医を学ぶが、半年でやめ、同四年、長崎の宗家・吉雄厚載《こうさい》に医を学びつつ儒を講じる。

大坂の適塾に転じると先輩に長州の村田蔵六がいて親交を結ぶが、どうも医学は好きでなく、儒のほうに気持ちが傾いていたようだ。遊学の成果のないまま嘉永五年、家を継ぐため帰国。今度は長州・萩の青木周弼《しゅうすけ》の門をたたく。

慶応二（一八六六）年の対長州戦争で藩主とともに熊本へ逃れる。のち豊津の藩校・育徳館の教授。典医を兼ねる。

明治四（一八七一）年の廃藩置県を機に医業を捨て官途につく。同七年に陸軍大尉。八年、軍務にたえられなくなる。痔だった。

明治二十四年、胃がんで没。六十三歳。高名な医家に生まれたばかりに、もがき苦しんだ一生だった。

# だらしい

門司郷土叢書から、仕事に関することわざを。
「歌をよみ詩を作ろうよりは田を作れ」＝遊楽閑事を排せ
「ノーブシ（怠惰者）の節句働き」＝平素なまけていて、めったにない節句に働いてみせる
「うまい物は一人で食え、仕事は多人数でせえ」
「慣れぬ米商売よりゃ慣れたぬか商売」＝分に応じたことをせよ
労働に関する方言も。
「あさま（朝間）」＝夜明けの二、三時間前に起き、簡単な茶漬けをすませて働き、飯を食う。この早朝食と朝食の間。朝の「ごっと起き」とも
「あでばしり（畦走り）」＝ちょっとした仕事
「いーをする」＝多人数で仕事の能率をあげる、助け合う
「がたげんき」＝一時的な元気。がた元気じゃ続かんぞ、など。力が出ないのを、ぬかみそ元気という
「こびるい」＝小昼食、おやつ。はざま食いとも
農民が丸一日休むのは元日だけだった。めそめそしぐれ（薄暮）まで、よこう（休む）間ものう働いて、晩飯のあとよーなべ（夜業）。だらしい（だるい）のう。よく働く人にはこんな言葉がかけられた。辛抱は金ぞな、みそこしゃ竹ぞな。

# 方言集

『企救郡誌』から方言を。声に出してみてクンナイ（ください）。

意外　トホウムナイ、トツケモナイ
殴打　コヅキアゲル、ブチアゲル
大変　メッポウ
閉口　ギャフン
帰る　イヌル
帰れ　イネ
休む　クタバル
彼ら　アノガキサレ、アンガキャア
お前　ガキサレ、コンガキ
少々　チョビット、チョキント
叫ぶ　タケル
ほど　十円ガン、十円ガソ
立腹　グラグラ
不潔　ホウトクナイ
人妻　ゴシンサン、ゴリョンサン
小童　ガキ、ゲドウ

周囲　グルリ
急須　キビショ
水瓶　ハンド
盗人　ヌシト
愚者　バスヌケ、アンポンタン
親類　イケウチ
昨夜　ヨンベ
乳児　コボ
除く　ドクル
疲労　ダラシイ
怒る　ゴウガワク
恐怖　オトロシイ
失敗　シクジル
廃棄　ホータル
終了　コレギリ

# 伊勢へ

大庄屋を退役、隠居となった中村平左衛門は、安政六（一八五九）年、宿願の伊勢参りに出る。当時の旅の様子を、往路は少し丁寧に見る。

二月一日、参宮願書を提出。五日、参宮証文を受け取る。九日、「妾のぶ」ら五人を従え出発。惜別の歌「立わかれ行やよしのの花の香をま袖にとめて今帰り来ん」。

津田八幡宮、足立山妙見宮へ参拝。湯川まで見送った人は数知れず、大里まできたのは息子・津田泰蔵ら二十人。大里に直接出向いて送別したのは六人。「大里出切手」を番所に出し乗船。下関着岸後は番所に名簿を提出。宿は亀山八幡下の伊勢屋小四郎。

十日、長府の功山寺などを見て、才川で昼食。宿は吉田の柳屋半蔵。行程五里。

十一日、船木で昼弁当、山中の万屋市右衛門に泊。行程六里半。

十二日、今市で昼食、宿は宮市の大島屋清次郎。行程七里。宿の主人と相談、三田尻から室津へは船でいくことにする。船長の長田屋吉五郎以下、乗組員四人。船賃は三両二分、ほかに一日の賄い料一人百四十文、布団一枚四百文だった。

十三日は防府天満宮に参り、夕方、いよいよ乗船。

# 大坂へ

中村平左衛門の一行は安政六（一八五九）年二月十四日、三田尻を出船し、翌早朝、海路十八里を走って室津へ。船宿で入浴、出帆。海路十三里で新湊着。十六日に錦帯橋、厳島、十七日は広島市内を見物。十八日に備後・鞆へ。播州・室津着岸は二十一日。船長に支払いをし、心付けを金二朱。上陸時、番所に名簿を提出した。宿は今出屋源五郎。二里。二十二日は書写山へ。山上までは自信がないので、女人堂まで。宿は姫路の「いづみや」瀬右衛門。五里。

二十三日、革細工店で土産を買う。別府《べふ》の山口屋彦五郎に泊。五里。二十四日、明石城下を過ぎ、大蔵谷へ。宿は明石屋五兵衛。六里半。二十五日は船を借り切る。途中、一ノ谷や兵庫・湊川の楠公の墓に詣で、大坂着は夕方。宿は豊前屋茂八。海路十五里。

二十六日、小倉藩の大坂蔵屋敷（留守居役所）に往来証文を提出。ここの役人に井上一郎左衛門という人がいる。到津社の神官・川江河内守の親類だ。先送りの衣類が届いていた。

「曲尺屋」という店で小倉・綿屋茂兵衛振り出しの為替手形で金二十両を受け取った。さあ、関西遊覧だ。

# 伊勢参宮

中村平左衛門らは、元小倉藩士・坂田屋勝三郎の案内で、京都見物に日をすごす。

安政六（一八五九）年三月七日、柳馬場の小倉藩京都屋敷で往来証文に裏書き調印を受け、坂田屋に別れを告げた。

八日に三井寺、九日は石山寺に参り、伊勢到着は十三日だった。さっそく御師《おんし》の家来の案内で外宮へ。翌日は雨。十五日に内宮へ。平左衛門の長年の宿願が果たされたのだ。

まことに無粋だが、金のことを記しておこう。初穂料が計一両、海陸安全のおはらい三百枚に金二朱。案内の家来に心付け四百文、かごかき四人へ千三十二文。

その後、十六日に二見浦、二十日に吉野山、二十二日に高野山と巡り、奈良着は二十五日。翌日には大坂へ帰った。

四月三日、小倉藩大坂屋敷に着坂を届け、往来証文をもらう。五日に乗船するまでは大坂見物、堺で土産に刃物を買ったりしてすごした。

帰りの船は「明神丸」で、船長・入本屋善次郎以下、三人乗り組み。船賃は三両二分。小倉船もあるが大型で、借り切りにすると高くつくのでやめた。いざ、小倉へ。

# 再登板

安政六（一八五九）年四月五日、大坂、京、奈良見物と伊勢参宮を終えた中村平左衛門は大坂・中ノ島から船に乗る。

復路は、讃岐・多度津で下船して金刀比羅宮参りをしただけで帰ってくる。門司の田野浦着は十四日夕方六時ごろ。下僕ら二人を降ろして自宅へ通報させ、自身は下関「なへの下」に船泊まりして船頭らと小宴。なへ、とは南部《なべ》町のことだろう。

翌日、大里の番所へ届けをして上陸。知らせを受けた息子の津田泰蔵ら大勢が出迎えた。

十六―二十三日は土産物の分配に大わらわ。この旅への餞別を八両ほどもらっていた。平左衛門のまとめによると、買い物代は二十両三分、旅費が十八両二分。往復四百里、六十六日間の総費用は三十九両一分（現代の感覚では六百万円近く）になる。

当時の旅については平凡社新書『江戸の宿』、岩波新書に『江戸の旅文化』という好著がある。

買い求めた名所図会や寺社の縁起などを見ながら、旅の余韻にひたっていた平左衛門に思いもかけぬことが待っていた。本家筋にあたる城野手永大庄屋・平助の急死による大庄屋への再登板要請だ。

# 敷居の外

安政六（一八五九）年五月十一十二日、六代藩主・小笠原忠固《ただかた》の十回忌法要が営まれた。

参詣は三日のうち勝手次第だが、香典は決められている。知行百石につき銀六匁。小森承之助は知行四十石だから、二分四厘を広寿山の知客寮に納めた。

拝礼は敷居の外側の薄縁《うすべり》からだ。以前は畳一枚入った所が大庄屋の席だったが変更された。

天保二（一八三一）年の「中村平左衛門日記」に、このあたりの経緯が詳しい。九月二十六日、広寿山の法事に参詣した平左衛門らは、玄関で目付に言い渡される。

「昨日、田川郡と京都郡の大庄屋が畳の席から拝礼したところ、難しい論議となり、ご家老から敷居外なら勝手次第、不承知なら拝礼させるな、と命じられた」という。前年にも同じことがあって、前の通りにしてほしい、と願書を出していたのだった。

大庄屋に限らず、右筆の者が畳席から拝礼して問題になった。藩士でも畳に入れるのは書院番以上なのだ。

平左衛門らはやむなく「はなはだ恐れ多きことながら」拝礼せずに下山した。敷居の内か外かが格式の分かれ目だった。

# 幼児虐待

安政六（一八五九）年三月、郡代・河野四郎の名で、企救《きく》郡の大庄屋へ捨て子厳禁のお触れが出た。

「近来、郡中に捨て子が多い。村々で厳しく吟味せよ。捨て主を召し捕れば、ほうびを与える。隠したら重科に処す。子供が多くて難渋の者は、ありていに申し出よ。実情によって助成してつかわす」

大庄屋日記には「捨て子回文」が頻出するが、同年七月三日の「小森承之助日記」には、虐待の記事もある。

畑村の喜七の後妻が、前妻の子をいじめていると風評が立った。五歳の子をござに包んで納戸に入れるのを、喜七の母親や親類が見とがめると、病気だから納戸に寝かせたと言い張る。

ふだんから子供に対する仕打ちがおかしいという評判は筋奉行の耳にも入り、喜七は揚がり屋入り、女房は手錠付きで村預けになる。

女は、前年に嫁入ってきたが、「心得よろしからぬ者のよし」。この一件が、その後どうなったか触れられていないのが残念だ。

幼児虐待を察知したら素早い対応を——これは現代人も見習うべきことではないか。

# 大先輩

小倉藩家老・島村志津摩《しづま》と郡代・河野四郎ら総勢四十人が、田川郡の石炭山、金山見分に出向いた。安政六（一八五九）年七月のことだ。

十九日未明に呼野着。小森承之助は用意の茶漬けと握り飯を出した。一行は金《き》辺《べ》峠を越えて香春へ。

二十二日、金辺峠に出張し、昼すぎに帰ってきた家老らを出迎え。膳の上に酒と肴三種。河野は酒を持参している。島村からは賄い代、酒代が支払われた。夜は承之助の祇園町（現在の小倉南区長行）の役宅で酒盛り。

承之助は十六日、津田村に隠居中の中村平左衛門を訪ねて、家老がおいでの際のアドバイスを受けている。

十七日に伺い書を提出、十八日に「手おけ」用意に及ばず、「酒肴」用意に及ばず、「膳向き」小弁当の心得で上下とも握り飯、香の物くらいでよろしい、などと朱書されて返ってきた。

酒肴は不要といわれても、ひととおり用意しておきなさい。一行の通行が夜に入ることもある。ちょうちん、たいまつの準備も忘れずに、と平左衛門は助言しただろう。

酒好きの河野郡代を迎えて、さすが大先輩と思ったに違いない。

# 呼野金山

初代・小笠原忠真《ただざね》が小倉城に入ったのは寛永九（一六三二）年十二月十三日だった。

『北九州市史』によると、熊本に移封となった細川忠興、忠利親子は、領地を引き継ぐ小笠原氏に細やかな心配りをした。

公用三項目、私用八項目の「引き継ぎ状」は、本丸の板敷きの下に炭、薪が置いてある、六連島に野牛を飼っているが、少しは連れていく――などで、領内に金山が三か所ある、従来どおり経営されよ、という項目もある。呼野（企救《きく》郡）、採銅所、五徳（田川郡）の三つだ。賢明な忠真は、この金山経営だけは引き継がなかった。

寛政元（一七八九）年の幕府巡見使への答弁書にも、「呼野に昔金山があったが、細川忠興公の領分だったころのことで、詳しくはわからない」と書いてある。

万延元（一八六〇）年八月、小森承之助は、島村志津摩《しづま》の発案で二百三十年ぶり再開の呼野金山の砂金を見た。七人が十五日で二十三匁四分。一人一日二分二厘。江戸で砂金は一分が三百文だ。割はよくない。

それでも島村はあきらめない。二年後、承之助を金山御用掛の一人に。よほど金がほしかったようだ。

# ご迷惑

小倉藩家老・島村志津摩《しづま》は、解職されて身軽な中老に戻ると、よく狩りに出かけた。

安政七（一八六〇年）年二月二十三日から総勢十人で田川郡へ。獲物は大イノシシ一頭と数々の鳥。

二十九日夜、小森承之助宅で小休止。茶を差し出す。

三月二十四日からは頂吉《かぐめよし》へ。シカ一頭。二十六日夜、承之助宅で弁当。ワラビの煮物を差し出した。

山野を駆けての狩猟が後年、長州との戦いでゲリラ戦を指揮し、金辺《きべ》峠を死守した勇将・島村の基盤になったともいえるのだが、農民には迷惑千万だった。

内山円治著「小倉藩政時状記」を見よう。

「毎年十月から翌年二月ごろ、中老など身分軽からぬ人々が友人、従者を引き連れ、山遊びを兼ねて銃猟にくる。往復の荷物運びなどの人足を庄屋に命じる」

「従者には酒癖の悪いのがいて、田舎の濁り酒に酔い、人足を捕らえて切るの突くのと横暴極まりないのが少なくない」

島村は翌文久元（一八六一）年、勝手掛家老に復帰した。狩猟の記事はピタリとなくなる。

# 英人上陸

異国船が頻々と出没するようになったころの様子を、「中村平左衛門日記」に見る。

万延元（一八六〇）年大みそか、英人七人が門司・楠原村に上陸、サザンカを折ったり、ダイダイをちぎったりした。

文久元（一八六一）年五月五日、英人十二人が、紫川河口から小倉に上陸、芝居小屋をのぞきにきた。すぐ芝居を中止、近辺の民家は戸を締め切った。

同七日、英人が門司地区の海岸を測量した。下関は警備が厳重なので当地にきたのだろう、という。

同十七日、英船の一人が死亡し、無断で門司・梶ケ鼻に埋葬した。小さい書物（聖書だろう）を読み、七十―八十人が集まっていた。

これら英人に近寄ることは禁じられていたが、小倉の役人が問い合わせることはある。そのため出張していた平左衛門の息子・津田泰蔵は英人に船見物をすすめられた。泰蔵は自身はいかず、下僕の喜平を船に乗り込ませた。喜平は船内を詳しく見てきた。

「帰りにパンという団子のようなものを一つもらった。麦の粉を固め、油をつけて焼いたもので、いささか油臭きものなり」

# 忠嘉死去

万延元（一八六〇）年四月二十一日に江戸を出発した八代藩主・忠嘉《ただひろ》は、六月九日に帰城した。日数がかかりすぎているのは、すでに発病していたからだ。

六月二十八日に殿さま病気、十月二十五日に危篤、二十六日に死去の公式発表だが、実は六月二十五日に死亡していた。

十月二十七日付で郡代・河野四郎から通達が出た。他国から聞かれた場合の口裏合わせで、七月中旬から持病が起こり、八月上旬には食が進まなくなり、九月中旬から病が重く、十月二十六日ご逝去——という内容だ。

発表を引きのばしたのは後継の手続きがすんでいなかったためだ。忠嘉はまだ二十一歳だった。支藩の安志《あんじ》藩から九代・忠幹《ただよし》が養子入り、十一月十六日に無事、家督相続した。

十二月二日に葬送。城を出て豊後橋—開善寺—旦過—古船場—中津口を経て広寿山へ。墓所の整地には企救《きく》郡から千人以上が出て作業した。

前年暮れに城野手永の大庄屋に復帰した中村平左衛門や小森承之助らは中津口門外の堀端で見送った。みな月代《さかやき》は伸びたまま（ひげそりは十一月十九日に許可）。月代をそらないのが弔意の表現だった。

# かまど数

北九州市が平成九年に刊行した『小倉城下町調査報告書』に、小倉藩の時代の人口の目安が出ている。郡代支配の郡村部で約二万七千戸、十三万人。町奉行支配の小倉城下は武家が約四千戸、一万一千人、町家は東西七十八町で約二千六百戸、一万人という。

万延元（一八六〇）年の「中村平左衛門日記」に企救郡《きく》（およそ現在の門司、小倉北・南区）の統計が載っている。農・漁民六千六百七十三軒、三万七百三十二人（男一万五千五百四十九人、女一万五千百八十三人）、寺・修験・盲僧百二十三軒（うち七か寺は無住）、三百六十七人（男五十二人、女六十七人）、広寿山二十軒（男のみ五十一人）、そして、延命寺一軒（男のみ七人）、妙行寺一軒（男のみ四人）。

この「企救郡竈《かまど》数・人数書上帳」は八代・忠嘉《ただひろ》から九代・忠幹《ただよし》への代替わりで、新しい殿さまへ示すためのものだろう。

人別帳の調製は七年ごとだが、城下町の大年寄・行事役、郡部の大庄屋・小庄屋は毎年春の宗門帳作成で、死亡、誕生、帳外（人別から外す）、入帳（人別に入れる）などを常に把握していなければならない。彼らにとって人口統計など朝飯前だ。

# 宗門改め

「小森承之助日記」で、小倉藩の宗門改めの日程を見る。安政七（一八六〇）年三月四日企救《きく》郡、六日田川郡、八日築城《ついき》郡、九日上毛《こうげ》郡、十一日仲津郡、十二日京都郡。

安政六年三月四日の日記には人数が出ている。絵像を踏んだ企救郡の者は七千百七十五人、病気などで不参加は六百四十三人で、総計七千八百十八人。

「中村平左衛門日記」によると、当時の企救郡の人口は六千六百七十三軒、三万七百三十二人。だいたい一軒に一人が踏み絵に参加したことがわかる。

郡部の宗門改めは一郡一寺で、時代によって変遷はあるが、藩政末期の踏み絵寺は、大里・西生寺、曽根・慈恩寺、八屋・賢明寺、香春・光願寺、豊津・国分寺、行橋の禅興寺、西福寺などが知られている。

絵像は慶応二（一八六六）年の対長州戦争で焼失。明治元（一八六八）年十二月五日、香春・高座石寺での小倉藩最後の宗門改めでは、踏むキリスト像がなかった。

小倉藩士と城下町人は別に、これも変遷のあと西蓮寺（鳥町＝現在の魚町三）で。この寺は昭和二十九（一九五四）年、小倉北区三萩野二に移転。北九州市民球場の近くにある。踏み絵を庶民がどう感じたかは次回に。

# 絵踏み

門司郷土叢書『絵踏』に森本芳五郎という人の宗門改め体験談がある。

絵踏みは「怪体《けたい》が悪いといって、酒を引っかけていくので、踏みそこなうことがあった」（注・三度失敗すると逮捕される）

「十六歳の元服がすむと踏みにいかされる。大体は戸主がいくことになっていた」（注・絵踏みは十五－六十歳。病人、旅行・奉公に出ている者、入牢《じゅろう》者は別紙届け出る。家長が女房子供を引き連れて出向いたわけではないことがわかる）

「この日は諸方から人が集まるので菓子店などが出る。このときだけ使う三文判店も出て、最初は買っていたが、帰りには川に捨ててしまうのでもったいない。そのうちアメの棒を買い、尻の方を少し折って判にするのがはやった。残りのアメは子供への土産にした」

「母印でもいいが、指を使うことは皆嫌った」

「戻ってくると、ああ役目がすんだといって、酒を買ってきて厄払いと称して一杯やった」

「いまから考えると、誰じゃろうが人の拝むものを足で踏まんでも、よかっちょろうものをなあ」

珍しい庶民の肉声を、少し読みやすくして紹介した。

# 銭の塊

長浜浦の漁師・乙吉が下関・彦島福浦の沖で、大黒天の木像を拾い上げた。万延元（一八六〇）年五月五日のこと。

家の棚に飾っておいたら、不思議な夢を見た。小倉の紫川河口から福浦の方角へ八〇〇メートルほどの所に、銭が落ちているというお告げだ。

十月二十三日、船を出すと海底に何か赤いものが見えた。ホコで突いてすくい上げると、銭が腐って固まっていた。金づちで割ると粗悪な鉄製の「鍋銭」は粉になっていたが、中国の古銭は五千四百文、鍋銭は八升ほどになった。

すぐ届ければいいものを、乙吉はこのうち三千六十文を酒、米、魚、しょうゆ代に使ってしまった。二十文は京町の米屋弥吉がほしいというので与え、さる藩士も具足の中に入れたいと所望したので三十文差し上げた。これでは、うわさにならないのがおかしい。

浦方役人が聞きつけて庄屋に取り調べが命じられた。ほかに六人が計六千二百五十九文を海中から拾い上げていたが、これらはすべてお取り上げ。中村平左衛門は幕府へ届けることになる、との風聞を日記に書いている。

拾得物は正直に届けるのが、いまも昔も定法だ。

# 四丁浜

小倉城下の紫川には橋が二本しかなかった。河口近くの常盤橋と一二〇〇メートルほど上流の豊後橋。

浮世絵「西国内海名所一覧」には、東側の宝町（現在は京町）の商家に川へ下りる石段が描かれ、小舟がもやってある。

宝町の対岸は小倉城二の丸で家老屋敷が並び、紫川への出入り口として四丁浜《しちょうはま》門があった。現在のリバーウォーク、ＮＨＫ北九州放送局あたり。

四丁浜にはかつて漁民がいたが、細川氏の小倉築城の際、平松浦へ移住させられたという。

豊前叢書『鵜《う》の真似《まね》』に「四丁浜の渡し」と出ている。船手組の十一―十二歳の少年が一人一文（武士はタダ）の渡し銭をとってけいこした。ここで櫓《ろ》の扱いなどを習ってから、長浜浦で正式に修業に入ったという。

その昔、小沢理右衛門という二百石取りの藩士が舟に乗ると先客がいた。町惣年寄の櫛木半四郎だ。武家か、と名を尋ねると町人。不届き千万と怒った小沢は、葦の中州に半四郎を降ろしてしまう。武士との同船は許されなかったのだ。

この渡しで死んだ若侍の話も。立って舟をガブらせて喜んでいたが、転覆して水死し、家名断絶。軽々な振るまいの若者はいつの世も。

# さらし首

万延元（一八六〇）年七月二十日の「小森承之助日記」に、合馬《おうま》村の寺に奉公していた吉兼村の者が香春町で発見された記事がある。春に草刈りに出たまま行方知れずになっていたのだ。

この男、前後のことが全くわからない。庄屋から報告を受けた大庄屋の承之助は役所へ文書を提出する。「野狐の所為《せい》にもこれあるべきか」

門司郷土叢書の『藩政時代　法・刑雑録』に、さらし首紛失の話が載っている。慶応三（一八六七）年、門司・吉志村の常吉宅に「諦」という男が押し入った。刀を抜いて脅し、金を奪い取ったのは罪が重い。「諦」はさらし首に処せられるが、この首がなくなった。

吉志村庄屋・山口平右衛門の「御届申上候事」によると――。

昼夜、番人をつけておきましたが、夜、食事に自宅に帰ったわずかな間に首がなくなりました。全く狐狸《こり》の仕業と存じ、近辺の山々を尋ね回っておりますが、まだ見つかりません。恐れ入り奉り候。

縁辺の者が番人に小遣い銭を握らせて首を持ち去ったに違いないのだが、ぬけぬけと「狐狸の仕業」と役所に報告するなど、この庄屋、いい度胸だ。

# 銭が降る

高槻村（現在の八幡東区槻田）の甚兵衛の家へ暮れから正月にかけて銭が四－五文、七－八文ずつ、米も少しずつ降ってくるようになった。

近所の人も集まって、その瞬間を見届けようとするが見えない。これはきっと弘法大師が下さるのだと、お参り人も多くなる騒ぎに。

甚兵衛の届け出を受けた小倉藩は、これまでに降り積もった銭三百六十文余、米五－六合の差し出しを命ずる。その後も銭が二十－三十文降ったが、しばらくしてやんだ。

ところが今度は村に住む藩士・高田九兵衛の家で同じことが。高田は大師を信仰する人で、虚空に向かって叫ぶ。「銭降らしなど、あなたのなさるべきことではない。代わりに、弥陀の名号でもお与えくだされ」

しばらく座を外して帰ってくると、机の上の紙に「なむあみたふつ」と濁点なしで記してあった。高橋主計頭という陰陽道の博士に相談すると、「五百年も生きた古狐の仕業だろう。高田さん、穏やかにお断りなさい。もしだめなら祈禱をしましょう」という。

高田九兵衛がその通りにすると、銭降らしは、ぴたりとやんだ。

中村平左衛門いわく、「さても奇異の事」。

# 殺生方

万延二（一八六一）年一月九日、鳥見頭取の島田源六と、もう一人が、小森承之助宅で昼飯を食った。二日から田川郡へ出かけていたという。

小倉藩では鷹方と鳥見方の二役を殺生方と呼ぶ。鷹方のほうが上席だ。門司郷土叢書に古老の話がある。

「鳥見方というのは、その日その日の天気そのほかのことを見はからい、諸方を巡回して、どの方角に鳥が多くいるかと見さだめ、放鷹《ほうよう》の仰せがいつ出ても、ご案内にまごつかぬ用意が肝要じゃった。藩の要地の大里新町には毎日毎日、朝早くから鳥見方が出ばっていたなあ」

「鳥見方ちゅうものはわらじがけで人の家の座敷に上がりこみ、畳を一枚のけて、そこに足を投げだし、弁当など使うたものじゃった。なかなかいばったものでなあ」

「いや、そりゃあ、やかましかったなあ。鷹のこたあ、どもならん。かかわりあいにならんようにと、みな平生から心得ちょったなあ」

殺生方は、いざ合戦となると先頭に立って道案内を務めた者たちで、常に領内を巡回し、藩主や家老の目ともなっていた。庶民には別の意味でも怖い存在だった。

# 目明かし

文久元（一八六一）年三月三十日、小森承之助の役宅を、小森村の庄屋・蔵田次助が訪れた。米一斗盗難の一件は、目明かし忠蔵の扱いで解決したから取り下げたいという。忠蔵が穏便に話をつけたらしい。

翌四月一日、承之助は忠蔵に指令を発する。手永内で盗難届が増えている。村々を回って怪しげな者を見つけたら吟味せよ、という内容だ。

目明かし忠蔵は、承之助が二年前、藩の許可を得て任命した。目明かしを置くのはかなりためらったが、幕末の世情不安で、そうもいっておられない。

忠蔵の給与は年に米二俵。この米は「歩掛米《ぶかけまい》」という手永の予備金から支出された。

同じころ承之助は、呼野村の藤を下働きに雇う。年中お仕着せなしで給与は年三俵と定め、前金三十九匁を支払った。

三十九匁は、当時の米一俵の相場だという。三十九匁×三で百十七匁。金一両＝銀六十匁で計算すると、お藤さんの給料は、年二両ほどになる。

忠蔵親分、年二俵では暮らせるはずがない。何か本業があったはずなのだが、これが、わからない。

# 退役

文久元（一八六一）年九月二日、六十八歳の中村平左衛門は、やっと大庄屋職から解放された。これまでの骨折りで大庄屋の格式はそのまま与えられ、城野手永大庄屋の後任には息子の津田泰蔵、津田手永大庄屋には企救《きく》郡勘定庄屋の中村平次郎、城野手永子供役加勢の中村林之助が大庄屋代勤に、企救郡勘定庄屋には中村延左衛門が任命された。平左衛門の息がかかった者ばかりだ。

実は平左衛門、八月九日に家老職に復帰した島村志津摩《しづま》が、二十四日に会いたいといってきたのを、病体を理由に断るほど弱っていた。

事務の引き継ぎは息子相手だし、実際には泰蔵は本来の津田手永とともに、父の城野手永の実務をずっと見ていたから、特別に難しいことはない。

だが泰蔵が、こともあろうに城野の役宅の下女に手をつけたから、ややこしい事態になる。この話は次回に。

十月二十五日、平左衛門は例の治療を始めた。「近来持病のはなはだしく歩行が難儀につき馬糞療治きょうより始め候。馬糞をもって肛門を暖め候事」と日記にある。

十一月十六日、「痔の療治終了。日数二十一日」。

# おまさ

中村平左衛門の息子・泰蔵（津田手永大庄屋）は、父が管轄する城野手永の面倒も見ていたが、何と城野役宅の下女に手をつけた。

下曽根村の茂三郎の娘みき。これが妻おまさに知れたのだろう、文久元（一八六一）年八月、泰蔵・おまさは離縁。孫の虎之助は、おまさが連れていってしまう。

文久二年、平左衛門は息子、孫とは別々の「三人三所」の寂しい元日を迎えた。

この後、親類の周旋で復縁が決まり、六月二十九日、おまさは虎之助を伴い城野に帰ってきた。

下女みきは妊娠して実家に帰っていたが、十一月八日に男子を出産。平左衛門は「また一人の男孫を得て大慶このうえもなし」と喜んで「半治」と命名したのだが、この子は文久三年二月一日、死亡。前年から大流行の麻疹《はしか》だろうか。八十三日の命だった。

二月十二日、平左衛門はみきへ、どこかに縁付くときの支度料として金三両を贈った。これらの贈答や見舞いに終始、活躍したのは平左衛門の「妾のぶ」だった。

幕末の激動期に東奔西走している泰蔵さん、働き盛りとはいえ、公私にわたって、なかなかお元気だ。

# 村上仏山

『村上仏山』（友石孝之著）の門人帳を見ると、弘化二（一八四五）年の二十五人の中に、中村虎太郎（後の津田泰蔵）がいる。

これは「中村平左衛門日記」とも符合し、「倅《せがれ》虎太郎、稗田村儒生・村上彦左衛門方へ入学。十月六日入塾」とある。

村上仏山（通称・彦左衛門）は、京都郡久保手永の上稗田村（現在の行橋市）に「水哉園《すいさいえん》」（仏山堂）という私塾を開いた人だ。

この私学校との縁は小森承之助のほうがはるかに濃密で、弘化三年に二弟の晴之助、嘉永二（一八四九）年に三弟の全之助、文久元（一八六一）年に末弟の胤之助、明治元（一八六八）年には長男の定太郎を入門させている。

手紙のやりとりをはじめ、互いの訪問、弔問、本の貸借、新著の贈呈と、交流のこまやかさは「小森承之助日記」に、克明に書かれている。

慶応四（一八六八）年一月二十四日、仏山が承之助を訪れる。藩主の下問に応じて書いた論文「開炉小談」を遠慮なく評論してくれという。

学識、人徳とともに、この謙虚さこそが門人三千人を育てた教育者の高名の秘密だろう。

# 寺子屋

豊前史料集成『倉藩時式・龍吟成夢』には、手習い（寺子屋）師匠の名もある。常盤橋の西側では鷹匠町の緒方丈左衛門、大門町の柏屋平右衛門、左官町の内山甚助、木町・一ト切場の安藤廉治、木町本町の横山源左衛門、上清水《うわしみず》の河合勘之丞。

東側には博労町の内山文左衛門、鳥町の筆屋七郎、研屋町の稲垣宗十郎の名が見える。

このうち、稲垣宗十郎は「ご変動後、田原村に私学舎を開き教授す。のち同村で死去。陸軍大将奥保鞏《やすかた》の師匠なり」と紹介されている。

慶応二（一八六六）年の対長州戦争を、小倉藩では「ご変動」と呼ぶ。奥大将はのち元帥。田原村は田川郡だ。

『福岡県史資料』第五輯の「私塾寺子屋表」によると、稲垣の田原村の私塾は「補仁舎」。慶応二年に開業し、廃業は同七年。生徒は男七十五人、女二十一人。教育内容は習字、読書と記録されている。

『福岡県史資料』第八輯の「藤田弘策日誌」によると、慶応三年七月二十三日、豊津藩校・育徳館の支館が各地に設けられた。戦後復興はまず教育から、というわけだ。

田原村・蓮淵寺の支館の教授三人の中に稲垣宗十郎の名がある。

# 奥元帥

佐賀の役、台湾の役、西南戦争、日清戦争、日露戦争と軍歴を重ね、明治四十四（一九一一）年に元帥となった奥保鞏《やすかた》は、小倉藩の出身だ。

奥利右衛門の長男で、幼名は為次郎。十五歳のとき、本家の奥十郎が死んだ。本家をつぶさないため、分家の為次郎が家督を相続。三百石、馬廻《うままわり》。名を七郎左衛門と改める。

文久三（一八六三）年四月二十四日（「中村平左衛門日記」によると、この日は曇り時折軽雨）、城から足立山へ遠乗りに出た藩主・忠幹《ただよし》の供をしていた。殿さまの陣笠《じんがさ》が風で飛んだのを見て、自分のを差し上げておいて、馬上さっと拾い上げた。

鮮やかな手並みに「七郎左衛門、本日の働き、あっぱれであった。予はしかと覚えおくぞ」と殿さまご満悦。一週間後、小姓に登用された。馬術の名手だったようだ。

奥保鞏は昭和五（一九三〇）年七月十九日に死亡。八十五歳。「死後、伝記など編んではならぬ」という遺訓は守られなかった。

北九州市立中央図書館に「奥元帥傳」（黒田甲子郎著、昭和八年）がある。寄贈者は子息の奥保夫伯爵（陸軍歩兵大佐）だ。

# 林洞海

『緒方洪庵伝』付録に「勤仕向日記《きんしむき》」がある。洪庵が幕府奥医師として大坂から江戸へ下った文久二（一八六二）年八月十九日から始まる。二十日、「早朝より村田蔵六（大村益次郎）きたり世話いたしくれ候」。十月二十六日、「昼後より洞海、洪庵、上意にて終始介抱申し上げ、暁方まで相勤む」。

洞海は、小倉藩出身の林洞海のことだ。介抱したのは、麻疹の将軍家茂《いえもち》と、夫人の和宮。医師団の中でもこの二人の信任が厚かったようだ。

林洞海は小倉・篠崎の生まれ。京、江戸、長崎で医学を学び、小倉藩主につかえたが、幕府奥医師に召し出された。緒方洪庵の先輩だ。

洞海の妻は、佐倉・順天堂で有名な佐藤泰然の長女つる。長男・研海はオランダ留学後、陸軍軍医総監。養子・董《ただす》は外務大臣（従二位、伯爵）。六男・紳六郎は西周《あまね》の家を継ぎ海軍中将。長女は榎本武揚に、二女は海軍中将・赤松則良に嫁いだ華麗な一家だ。

林洞海は皇室侍医も務め、明治二十八（一八九五）年没。八十三歳。一方の緒方洪庵は奥医師になった翌年の文久三年に没。まだ五十四歳だった。

# 豊国名所

文久元（一八六一）年十月十九日の「小森承之助日記」に「画工・応成成輝来訪」とある。村田応成のことだ。『豊前人物志』（山崎有信著）によると京都の村田将監の子。幼いころから絵を好み円山応震に師事。弘化二－三（一八四五－四六）年ごろ小倉に移住。西田直養《なおかい》と交わりあり。明治十五－十六（一八八二－八三）年ごろ小倉で没、とされている。

西田直養は幕末の小倉藩を代表する国学者で、京都、大坂留守居などを歴任したから、そのとき知り合ったのだろう。

村田応成（あざな・成輝）の画集「豊国名所」は、平成十二年に北九州市立歴史博物館から出版された。小倉城下の大年寄・小林（岩田屋）安左衛門の求めで描いたという四十二枚の淡彩画は、人物が生きいきと躍動していて、どれも楽しい。

例えば「東魚町」。現在の小倉北区魚町商店街のあたりで、二本差しの武士、魚の行商人ら十二人が登場する。左端に小僧さんがいて皿の上にとうふを載せている。当時は一丁が大きくて現在の倍はある。

「豊国名所」は、北九州市立いのちのたび博物館（八幡東区東田）で税込み価格二千二百円。二階の情報館でも見られる。

# 西田直養

「静泰院《じょうたいいん》」跡（北九州市門司区柳町）に水野万空の句碑があり、「影法師を心の友や冬ごもり」と刻んである。

俳人・水野万空は、通称・源六。普請奉行から明和元（一七六四）年、京都留守居へ。安永三（一七七四）年、槍奉行に転じるまで京都にいた。

惜別の句「花に寝て十《ととせ》は夢か秋の蝶」は京で評判になったという。安永九年二月二日、六十歳で没。墓は宗玄寺霊園（同小倉北区）にある。

京都は風雅の町でもあり、各藩は相応な人材を送り込んだ。その中に西田直養《なおかい》もいる。通称・庄三郎。江戸、京都、大坂で名士と交わり、小倉藩を代表する国学者として知られた。

華やかな職歴の割に晩年は不遇で、「元治元（一八六四）年四か国連合艦隊が下関を攻撃した際、小倉藩が傍観したことに憤慨、食を絶って死んだ」とする人名辞典もある。

元治二年三月十八日没。七十三歳。門人らが蒲生八幡宮に末社「幸彦社」を建立して祭った。門人に山名豊樹（英彦山神宮宮司）、佐野経彦（神理教初代管長）らがいる。

西田は小倉六歌仙の一人。

「梅の花手折にけりとみし夢のまくらににほふうくひすの声」

# 水鉄砲

江戸から水鉄砲師がやってきた。文久元（一八六一）年のことだ。郡代の命令で小森承之助ら大庄屋は実演を見て、わが目で確かめた。披露されたのは雲竜水（二十五両と二十両の二種）、竜吐水（八両）、巌登水（二両一分）と、生竜水（二分余）だった。

このうち雲竜水一つを大里宿へ、竜吐水を大庄屋の役宅に一つずつ計六つ、巌登水を六十ほど買って村々に備えることにした。代金はしめて二百三両――と十月十三日の日記にある。

北九州市立いのちのたび博物館で竜吐水を見た。「本家　江戸神田三河町二丁目　天野（屋？）利兵衛」の刻印がある。企画展の図録「火消」も入手した。独竜水、生竜水は文字どおり水鉄砲を大きくしたようなもので、かろうじて竜吐水が火消しポンプと呼べそうだ。

図録の説明によると、承之助らが一つ買うことにした雲竜水は嘉永（一八四八―五四年）のころ、久留米出身の田中久重（からくり儀右衛門）が竜吐水を改良したものだという。

文久二年の日記に水鉄砲代の支払先が「天野屋理《（ママ）》兵衛」とある。赤穂浪士を助けた大坂商人の末裔か。

# 一夜一両

今回、女性は決して読まないでください。

大庄屋・小森承之助は学問があり、日記に「初聞新蟬声、暑気甚矣」などと漢文調を平気で書きつける人だ。

お堅い感じがする承之助だが、一か所だけ品のない話がある。

祇園町村（現在の小倉南区長尾）の庄屋・喜左衛門が大分への入湯から帰ってきての土産話だ。ついでに熊本の本妙寺へいったら清正公の二百五十年忌で大賑わい。

さらに長崎へ。外国人が買い物などしている。女性もきていて、目的は「日本種」を入れることだ。「一夜一両で男を買い候段、道路の話の由」

承之助は、国姓爺合戦の鄭成功（母は日本人）を例に「さもあるべきことにや」と同意し、もう一例、頼山陽に「蛮酋納女留将種」の句があるという。

図書館で頼山陽の詩集を見ると「鎮西八郎歌」があった。七言で三十二句もある長いもので、源為朝の琉球逃亡説をふまえている。

安藤英男さんの読み下し「蛮酋《ばんしゅう》、女を納《い》れて将種《しょうしゅ》を留む」。

これにより舜天王（中山王）が誕生、という物語だ。頼山陽が文政元（一八一八）年、九州を旅した際、鹿児島の船中で作った歌だという。

# 数え歌

大隈岩雄著『北九州の民話』に、小森承之助をほめた伝承話がある。

年貢をまけてもらおうとお百姓が話し合い、上訴の手紙よりは、風流な大庄屋のことだからと、願い事を数え歌にした。

「一、一同お願い致しまする」、「二、苦々しきことながら」、「三、さんざん不作をつかまつり」、「四、四苦八苦と働けど」、「五、ご年貢が足りませぬ」、「六、ろくなことではないけれど」、「七、質も鉢も置きつくし」、「八、はい回ろうは面倒しい」、「九、公事《くじ》訴訟ではないけれど」、「十、重々ご賢察のほど願い上げまする」

承之助も数え歌で回答した。

「十、十分なる世の中に」、「九、公事訴訟などもってのほか」、「八、はい回るは百姓のならい」、「七、しち面倒なる願いごと」、「六、ろくなことは申し出ぬ」、「五、ご代官を軽く見る」、「四、しばり首とは思えども」、「三、三代相嗣の百姓ども」、「二、にっくいやつとしかりおく」、「一、一度は許す、早々まかり帰れっ」

「一同へへっと頭を下げて門外へ。団体交渉は百姓衆の負け。やおうありません」

# 続・数え歌

前回、小森承之助をほめた数え歌を紹介したが、その原形を門司郷土叢書に見つけた。ときは元禄―正徳（一六八八―一七一六年）ごろという。

「一、いちいち申し上げまするも」、「二、苦々しく候えども」、「三、三か年この方」、「四、四か村の騒動につき」、「五、五穀も」、「六、ろくろく実り申さず」、「七、質をおきまするやら」、「八、恥をかきまするやら」、「九、食わずにくらくらしまするほど」、「十、十か村の難渋であります」

これにこたえて小倉藩の名郡代・茂呂正太夫。

「十、途方もないやつ」、「九、食わずに暮らすなど」、「八、恥を恥とも思わず」、「七、質をおくなど」、「六、ろくなやつ」、「五、ご公儀（藩）をかえりみざるにより」、「四、死罪とは思えども」、「三、三代公のおきてにまかせ」、「二、にっくきやつなれど」、「一、一度は許すまかりたて」

編者の吉永禺山《ぐざん》（卯太郎）さんの解説によると、干魃《かんばつ》の村々の庄屋が救助を願い出るとき、ひとつお奉行さまを試してみようと相談、この数づくしの訴状を出した。奉行はいちおう大声で一同をしかりつけたが、のちには相応の処置があったという。

この手の話は諸方にあり、小倉藩で始まったものかどうか定かでないそうだ。

# 血忌み

私妻今朝出産男子出生仕候、右に付、御定式の血忌引籠罷在申候、此段御届申上候、以上

十二月十日

小森承之助

この届け出書は文久元（一八六一）年、郡方三役の筋奉行、山奉行、代官あてに提出された。

引きこもるといっても大庄屋は多忙で、翌日には郡屋（事務所）に出張し、夜は城野大庄屋宅で寄り合い。帳簿づくりがあり、村々の庄屋も次々にやってくる。公式に役所を訪れない、というだけのことだ。

其元血気（忌）御免被申付候、此旨可被相心得候、以上

十二月十五日

西正左衛門

この筋奉行の書状で、当時の血忌み期間が五日だったことがわかる。翌十六日、三役宅を訪問してお礼を言上。生まれた子は類次郎と名づけられた。承之助の二男である。大庄屋仲間からのカツオ節をはじめ砂糖、カモなどお祝いの品が届き始めた。

承之助はこの後、妻・文子との間に三男が生まれ、文子亡きあとは、二番目の妻・琴が四男を生む。琴は、乳母として小倉藩十代・忠忱《ただのぶ》を守り、肥後逃避行をした女丈夫だ。この話、機会があれば、また。

# 柳馬場

九代藩主・小笠原忠幹《ただよし》が江戸から帰国した。文久二（一八六二）年三月二十四日だ。翌日に上陸。小森承之助ら企救《きく》郡の大庄屋は全員、他の五郡からは代表一人ずつが出迎えた。場所は柳馬場。新馬場ともいう。

ＪＲ西小倉駅から、小倉城の堀沿いを南下すると右側、旧ＮＨＫの手前の思永中学に沿った細長い土地がある。先年、発掘調査が行われた。

先に紹介した村田応成の画集「豊国名所」の中に「二の丸」と題した絵がある。二人の武士が描かれているが、何と一人は落馬して、地面にはいつくばるというユーモラスなものだ。

描かせたのは城下の豪商で、大年寄の小林（岩田屋）安左衛門だ。サムライの目に触れたら、おとがめ必至だろう。

この年二月八日、小倉城北の丸で男子が誕生した。豊千代丸、後の十代藩主・忠忱《ただのぶ》だ。生母は側室（上田氏）。

父の忠幹は、慶応元（一八六五）年、三十九歳で没。豊千代丸はまだ四歳だった。忠幹夫人・貞順院に守られて苦難の日々をすごす。

明治になって英国へ五年留学。伯爵。この人も短命で、三十五歳で生涯を終えた。

# 撫育金

文久二（一八六二）年二月、小森承之助は筋奉行から、いやな話を聞く。近々二万両の「御用借り」が行われそうだという。

三月、御用借りではなく「撫育《ぶいく》本金積み立て」だとわかった。

郡代・河野四郎の書きつけにこうある。

「藩の入用のためではなく、凶作などへの備えを厚くするためだ。拠出した者が困窮すれば、子々孫々まで金を貸してやる」

六郡に二万両、企救《きく》郡には三千六百両の割り当てで、これをもとに利子一割、十年賦で貸し付けるというものだ。

閏八月、十両以上差し出した者に大里で酒肴がふるまわれた。企救郡は百二十一人で、二千二百九十二両。

基金集めは、まあまあ順調だったようで、十一月には五－八両出した者へも酒肴。承之助の小森手永だけで九十三人いた。

暮れに承之助は手永用に百両借りたが、割り当てへの納め残し分五十五両はちゃんと引かれて、手にできたのは四十五両。

徳人といわれる金持ちに出させて藩当局は一銭も負担しない郡代の着想よりも、現在の百五十万円にもあたる十両をポンと出す一部農民の底力のほうがすごい。

# 家中困窮

小倉郷土会「記録」第二十六冊の巻末に、文久二（一八六二）年の小倉藩士分限帳が載っている。

興味深いのは、手取り額が出ていることだ。千五百石の家老・小笠原監物は百七十五石七斗、五百石の物頭・沼田藤助は五十九石九斗、四百石の武具奉行・馬場半兵衛は四十九石五斗二升、三百石の旗奉行・大池金右衛門は三十九石一斗四升、二百石の大目付・友松常助は二十八石七斗六升、百石の御膳番・塚田松太郎は十九石七斗八升。

『江戸物価事典』によると、この年の米価は京都で一石＝銀百五十八・九匁、江戸で百四十五匁。金にすると約二・五両。手取り二十石なら二十×二・五で五十両。一両を現在の十五万円とすると、七百五十万円にしかならない。

小倉藩士の給与は「三つ五分け」といって額面の三割五分。これに「方々米」という百石につき七斗五升の税や、「上げ法」という臨時税を引かれると、手取りは二割そこそこだったという。

小森承之助が郡方とは無関係のことを書き写してくれている。家中の困窮に殿さまいたくご心痛あそばされ、小倉藩はこの年九月、徳政令を出した。藩士の藩への借金の棒引きだ。

# 後家さん

文久二（一八六二）年の「小森承之助日記」は、小倉藩士の借金棒引きに続いて、意外なお触れを書き写している。

困窮しているはずの家中を、いましめる内容だ。

「近ごろ飲食が驕奢《きょうしゃ》に流れ、かねがね仰せ出されていることを忘却している者がいる。このたび殿さまは食事の皿数をぐっとお減らしになった。この厚いおぼしめしをよくわきまえ、いささかもおごりがましいことのないように」

さらには近年、家中の風儀がよろしくない、と次のようにいう。

「元来、婦人は夫を天とし、後家になれば髪飾りを下ろし、家の奥に閉じこもって、子や孫を育てることにのみ専念すべきである。ところが、後家になるとかえって紅おしろいで飾る向きもある。言語道断だ。親類からよく意見せよ」

また、不行跡の妻は離縁してもよい。年若の未亡人は里方がもらい戻しをして、再婚を願えば許してきたが、以後はならぬとか、娘のうちから身持ちの悪い者は縁組を許可しない、など。

翌年、小倉藩は紫川河口などに砲台を築くことになる。太平の世に慣れたサムライの気分引き締めにやっきになっているのだ。

# 縁組

阿波の徳島藩から小倉領の呼野金山、赤池炭山視察のため、井上伸二という藩士がやってきた。

文久二（一八六二）年四月十九日に筋奉行から通知があり、大庄屋出張は大げさすぎるので、金山御用掛の小森承之助がたまたま出会ったかたちにすることになった。

井上は二十日に金山を見て翌日には田川郡へ。金山といっても、昔ながらの砂金とりで、がっかりしただろう。

なぜ、他藩の者に機密事項の金山を見せたか。蜂須賀と小笠原は親類だからだ。小倉の三代忠基《ただもと》の息子・忠貞の正室は徳島の五代蜂須賀綱矩《つなのり》の娘・佐賀姫。その子・永姫は徳島の松平重規（蜂須賀の一門か）に嫁いだ。

ついでに、小倉藩主の婚姻関係を見る。その正室。初代・忠真《ただざね》は本多忠政の娘・亀姫。二代・忠雄《ただたか》は広島の二代・浅野光晟《みつあきら》の娘・永姫。三代・忠基《ただもと》は広島の五代・浅野綱長の娘・桜姫（梅姫とも）。四代・忠総《ただふさ》には広島新田（三万石）藩主・浅野長賢の娘・喜姫（能姫とも）が広島の六代・浅野吉長の養女として嫁いできた。

ほかに土佐の山内家、金沢の前田家とも縁続きだ。小倉から嫁いだ姫君の名など書き上げていたらキリがない。

# 頂吉石牢

文久二（一八六二）年十一月二日の「小森承之助日記」に「島村志津摩《しづま》様（中老）がイノシシ狩りで留守中、城からお達しがあり、夜帰宅された」と簡略に書かれている内容が、実は大騒動だったことが「中村平左衛門日記」でわかる。島村に家禄召し上げ、屋敷明け渡し、頂吉村《かぐめよし》へ蟄居《ちつきょ》のお達しがあったが、香春岳へ狩猟中で留守。足軽二十人ほどが逮捕に向かい、無刀の島村をカゴに乗せた。

もっとも夕方には、すべて元のままとなった。小笠原織衛が家老に復帰したが、すぐに罷免になるなど、「さてさて言語道断なり」。

この政変劇は、政事世話方・小笠原敬次郎の仕掛けのようだ。結局失敗し、自身はお役ご免、閉居となり翌年謎の死をとげる。三十六歳だった。

平左衛門がこれらの情報を得たのは大庄屋の津田平次郎。いとこの子で平左衛門がじきじきに育てた人である。

島村志津摩が幽閉されそうになった頂吉の石牢《いしろう》といえば、歌舞伎の題材にもなった犬甘《いぬかい》兵庫が思い出される。財政再建を果たした名家老とも、小笠原騒動の親玉とも。享和三（一八〇三）年、牢死した。

# 政敵死す

文久二（一八六二）年の「小森承之助日記」は八月の家老・島村志津摩《しづま》の免職、小笠原敬次郎の政事世話掛就任を伝える。

小倉八代藩主・忠嘉《ただひろ》の死で、支藩の安志《あんじ》藩から九代・忠幹《ただよし》が迎えられた。敬次郎は忠幹の弟で、家老の上席となる。家老たち、面白くない。まず島村と、次には小宮民部と対立する。

文久三年五月、島村は品川警備の責任者として江戸へ。九月には郡代・杉生《すぎお》募《つのる》の名で敬次郎病死が発表される。これで保守派の小宮にとって攘夷派の政敵二人がいなくなった。これは偶然か。

『小倉市誌』によると、敬次郎の死には、島村の陰謀説をはじめ、島村を蟄居《ちっきょ》させようとして失敗、閑居中に弓射を試み、誤って左手の動脈を切った、という説もあるようだ。

文武の俊才で、小笠原流弓馬礼法の家元の若さまが、こともあろうに弓で死ぬか。弓道三段で昇段をめざしている人に聞いたら、可能性なし、とはいえないそうだ。

幕末維新期の家老・小宮民部は、明治二（一八六九）年に自刃する。小倉城自焼の責任をとったといわれるが、果たしてそれだけか――真相は歴史の闇の中にある。

# 密通・刺殺

文久二（一八六二）年八月二十四日、下曽根村の末次郎が、与原《よばる》村の文作を包丁で一突きに刺し殺した。

文作が妻とらと密通したからだという。文作は追放者。末次郎の父親は方頭《ほうがしら》（庄屋の助役）を務めたほどの人物だったが、死後、末次郎は家屋敷を売り払い、船を買う。その船も売って惣嫁《そうか》（遊女）のとらを身請けして妻に。現在は無職。うさんくさい連中だ。

二十九日、末次郎は萩崎に入牢《じゅろう》、とらは揚がり屋入り。その後どうなったか知りたいところだが、「中村平左衛門日記」はここまでだ。

公職を辞した平左衛門はこの年、津田村の役宅の北隣にある古い屋敷を壊して、隠居屋敷を造った。百二十坪の敷地に総瓦ぶき五十坪ほどの建物だ。

日記は、隠宅の工事関係で埋まっていて、色情による刺殺事件などどうでもいいようだ。

この年は鳥が極端に少なく、弱ったウサギやタヌキが何十匹も拾いとれたとも書いている。

翌文久三年には長州が外国艦を砲撃、小倉藩も対応に苦慮する。山野の鳥獣の異変は、それらの暗示だったのだろうか。

# ご隠居

大庄屋を退役した中村平左衛門（当時は平右衛門）は文久二（一八六二）年、六十九歳。隠居屋敷の普請がほぼなった九月末に、七十歳の賀宴を開く。「平左衛門日記」（平）、「小森承之助日記」（承）を見る。

平「九月二十三日、白米三斗で餅つき」

承「二十六日、中村平右衛門翁七十の賀で鏡餅一重ね到来」

平「二十八日、親類、知人十三人を招いて宴」

承「二十九日、中村平右衛門老人に招かれる。同氏宅へ一泊。七十歳を賀す詩三首を献じた」

この後、平左衛門日記には息子・泰蔵からの送金が記されている。

十月二十二日、札（藩札）二百匁。十一月三日、札百匁。二十八日、札百匁。十二月十五日、札二百匁。二十五日、金十両と札三百匁。二十八日、金十両。

十一月二十八日の百匁は小遣い銭、と明記されている。ほかは新築諸費用の支払い用だろう。

外国との交易が始まって物価が上がり、この年の米価は一石＝札百四十－百五十匁。平左衛門の屋敷は二百三十両余かかった。隠居にくらべ多忙な承之助の一句。

「酒の座をぬけ出て月のしくれ哉」

# 発疹猛威

文久二（一八六二）年五月十三日の「中村平左衛門日記」に「小森承之助が麻疹《はしか》を患っているので、健助に、到来物の氷砂糖一箱とシジミ少々を持たせた」とある。

「小森承之助日記」にも、同日「中村平左衛門翁から見舞状と氷砂糖、シジミを持って使いがきた」と書いてある。承之助は返礼に、平左衛門好みの草場先生（佩川《はいせん》か船山《せんざん》）の書簡の写しを贈った。

承之助の家では四月二十四日に妻・文子が、五月一日には長男の定太郎と承之助自身も発病した。

承之助は五月十日に快方に向かい、六月十日に「髪月代《さかやき》いたし候」。やれやれと思ったのもつかの間、六月十六日に末弟の胤之助が患い、翌日急死した。十七歳。

承之助には四人の弟と妹が一人いたが、すでに三人は亡くなっている。これで残るのは、四番目の弟・延之助だけとなってしまった。

麻疹流行で、郡代・河野四郎は三万袋の薬を小倉領内に施したが、葛根湯《かっこんとう》や犀角《さいかく》解毒くらいでは大した効果はなかったろう。

平左衛門日記によるとこの春、長崎から流行した麻疹は「劇症が多く、死者おびただしく、古今未曾有の事」だった。

# 三里六穴

灸を据える場所を灸穴《きゆうけつ》という。足のひざ頭の下の外側で、くぼんだ所が「三里」だ。

安政五（一八五八）年六月八日から毎日、三里に灸を据えていた中村平左衛門は、文久三（一八六三）年二月二十八日、中止した。

左右二穴は伊勢参宮の道中も欠かさなかったし、この正月からは左右四穴を増やし計六穴に。

ところが二月二十七日夕、その六穴のうちの一つが痛み出し、夜半に耐え難いほどになる。茶漬けを一杯食ったら目まいがして吐きそうになった。便所へいこうと立ち上がったら、急に吐いてぶっ倒れた。下痢をし悪寒で震えたが、次第に治まり、痛みも軽くなって一睡したら、やっと気分がよくなってきた。

灸点は毎日のことで、かさぶたができることもある。それをはいで赤身の上に灸をしたら痛みを発したのだ。千七百日も据え続けた灸が急に怖くなっての休止だったが、またぞろ三月二十一日に「三里の灸治を今日より又々始め候」。

土用丑《うし》の日の「土用灸」はよく効くという。日ごろ体を酷使する農民にも奨励されたほどだが、平左衛門の場合は据えすぎだろう。

# 4
# 庄屋武装

# 日々大儀

将軍家茂《いえもち》の上洛の供をした小笠原忠幹《ただよし》が帰国したのは文久三（一八六三）年四月十日。船上から門司、葛葉、大里の砲台を巡視したあと上陸し、紫川河口の東西の台場も見分した。

「小森承之助日記」に砲台建設の模様が詳しい。東は町奉行、西は郡代の受けもちで、三月十三日に縄ばり。十四日は宗門改めで休み、十五日から工事が始まった。「中村平左衛門日記」によると、家老が連日出張、藩士らもモッコをかつぐなど「誠に戦場の気色」が見えたという。

承之助は十六日から西浜浦（室町の裏手の浜）の世話方として出向く。妻や子が病気だと知らせがきても帰れない毎日だ。

賃銀が出ている。一人三匁五分、土運びなど重労働の者へは二十─三十文がプラスされ、朝九時から夕方五時までの仕事が終わると、酒が一人二合ずつ与えられた。

二十七日には葛葉に砲台が築かれた。承之助は出夫三十人の世話のため出張。これは手早く正午すぎには完成した。指揮は小倉藩の砲術師範・門田一郎（のち栄）だ。

そして四月十日に殿さまの見分。作業中の三百人が平伏すると、声がかけられた。「日々大儀」

# 砲台完成

大庄屋を退役した後の「中村平左衛門日記」は、公務のない隠居日記だが、病に苦しみながらも、息子の泰蔵（砲台の御用掛）や知人から得た情報を克明に書き記している。

文久三（一八六三）年四月二十七日、西浦浜砲台の完成で殿さま（九代・忠幹）から、家臣はじめ郡方まで三千人に酒が下された賑わいなどは、「小森承之助日記」より詳細だ。

日ごろは禁猟の場所も殺生ご免になってイノシシ、サル、ウサギ、タヌキや、サギ、カラス、ハト、キジ、カモ、フクロウなどが殿さまの前に運び込まれた。川や海の魚も山のごとく差し出され、その場で料理、陣鍋を数か所に据えた。イノシシは島村志津摩《しづま》が広寿山で撃ちとった大物だったという。酒の前に大握り飯と香の物を一つずつ。浜辺にむしろを敷き大かがり火は数十か所。酒宴は夜八時ごろまで続いた。

平左衛門も、土産のお裾分けにあずかった。

この年、小倉藩は長州と攘夷実行で軋轢を生じ、郡代・河野四郎らが自刃、長州との連携を疑って英彦山の僧を捕らえるなど、相当きな臭くなっていた。

# 投げ文

長州藩は文久三（一八六三）年五月十日の攘夷期日にアメリカ商船を襲撃したのを手はじめに、二十三日にフランス、二十六日にはオランダ軍艦を砲撃した。六月一日にアメリカ、五日にフランスの報復が行われた。小森承之助はこの砲声を聞いた。

フランスはこのとき、門司・田野浦にも上陸、カタカナ書きの「ナガトシウノスミヒトニ」と題する提督ゼヨレースの投げ文を手渡した。北九州市立歴史博物館発行の『小森承之助日記』第三巻の二一〇―二一一ページに全文の写しがある。漢字まじりで紹介する。

「このころ長門州の殿さま、松平大膳大夫と申さるるお大名よりフランス国の旗を立つ船を大筒にて撃たされたるところ、これを我が国に対して大いなる軽べつと存じて、いま我、右の殿さまをただすに参る。けれども我に向かわず罪なき長門州中の住人を、またその妻子供、撃ち害す心なかるゆえに、その長門州中の住人においては少しも驚くに及びませず……」と住民には意趣のないことを、たどたどしい日本語で述べている。

この年七月には薩英戦争、翌元治元（一八六四）年には四か国連合艦隊が長州の砲台を徹底破壊することになる。

# 馬二十一両

文久三（一八六三）年五月三日、小森承之助ら大庄屋は、小倉藩の砲術方・門田一郎（のち栄）に入門、小銃の撃ち方けいこを始めた。

禁門の変で敗走した長州に対する第一次征討令が出る前年である。

大庄屋は、島原の乱に従軍した前例があり、藩に一朝事あれば出陣することになる。

承之助日記で武装の様子を見る。五月二十六日、具足箱ができあがる。同二十八日、真一刀流の原田保左衛門に入門。六月八日、具足しめ緒、弁当入れができる。十一月九日、大庄屋に乗馬けいこの許可が出た。

翌文久四年は二月二十日に改元、元治となる。一月二十一日、中老・中野一学の馬を七両一分で買う。二月一日、馬場を造る。同十八日、うまや上棟。三月十二日、苅田《かんだ》へ遠乗り。同二十九日、馬の鞍《くら》代金三両。

元治二年四月七日に再び改元、慶応となる。五月二十五日、代金十二両二分で馬を購入。七月九日には郡代・杉生募の馬を二十一両二分で手に入れた。

ほかにも門田一郎から小銃（六両）を買い、ゲベール銃も注文した。

金がいくらあっても足りない。大庄屋の「武具無尽」で承之助は一番くじを得た。

# 庄屋武装

海岸警備にあたる庄屋の鉄砲けいこ日が「六の日」と決まった。文久三（一八六三）年六月十一日のことだ。

六日は長尾村・鷲ケ谷、十六日は合馬《おうま》村・横ケ谷、二十六日は新道寺村・恵良《えら》蔭《が》谷。

同十五日に「具足と鉄砲は自分持ち」と命じられたが、承之助の小森手永で、自分で用意できるのは能行《のうぎょう》村の庄屋・森本又右衛門一人だけ。ほかは藩に拝借を願った。

同十八日には町牢、郡牢の収容者がすべて「お払い」となった。囚人にかかる人手と費用までも惜しむ情勢だった。

同二十三日、庄屋たちは砲術方・門田一郎へ入門して小銃けいこを始める。同時に木町に講武所ができ、「武術けいこしたい者は入塾させよ」と命じられたが、希望者はいなかったようだ。

十一月になって、業を煮やした小倉藩は「一手永二人ずつでもいいから差し出せ」と命じる。小森手永からは庄屋の森本又右衛門、下田恵左衛門（母原村）の息子が入塾することになる。

名字、帯刀ご免。昼まで素読、夕方まで剣術、夜は砲術けいこ。「小森承之助日記」に農兵仕立ての記事が初めて出るのは、この年二月二十七日だ。

# 萩の使者

中村平左衛門の文久三(一八六三)年六月二十八日の日記に、小倉藩と長州藩の緊張状態を伝える記事がある。

萩からたびたび使者がきて、「はさみうちにしなければ異国船にあたらない。小倉から打ち払いできないなら、砲台を借用したい。家老に会わせよ」という。

小倉側は幕府の命令がないことを理由に断る。怒った使者は、本陣宿・大坂屋の唐紙に一首書き残した。「かかる世に生出し我は大君の為に死すべき神の御業」作者は宮城彦助。『下関市史』によると、宮城は馬関総奉行の使い番だった。長州ではこの年七月、先鋒《せんぽう》隊が結成された。六月発足の奇兵隊と違って藩士で編成された隊だ。

両者は反目し、指揮がましいことをする宮城への反感が高まっていた。彼をこらしめようと起こったのが、八月の「教法寺事件」だった。高杉晋作の働きで乱闘は治まったが、宮城は阿弥陀寺に謹慎させられる。

『防長維新関係者要覧』(田村哲夫編)に「八月二十七日、教法寺に賜死。五十一歳」とある。この本は徳山市のマツノ書店の発行。病死、自殺、焼死、水死、銃殺、斬首、牢死、戦死、暗殺……亡者録だ。

# 奇兵隊

「小森承之助日記」によると、文久三（一八六三）年六月、長州藩士が砲台構築のため門司・田野浦を占拠する。士分の者百十人余、大工など四十人。無法の振る舞いだが、小倉藩は手出しをせず見守るばかりだ。

「此節、田野浦へ参り候長藩士頭ハ高杉晋作と申人也」と日記にある。高杉は長州奇兵隊の初代総督。慶応三（一八六七）年、下関で病死。二十九歳。

七月八日の日記に三人の長州藩士の名が出る。

まず「河上弥太郎」。後の奇兵隊総督・河上弥市だ。河上は文久三年十月の但馬・生野の変で敗れ自殺。二十一歳。

「赤沢武人」。これも後の奇兵隊総督・赤禰武人。高杉の下関決起に反対して脱藩。慶応二年、舞い戻ったところを捕らえられ刑死。二十九歳。

「滝弥太郎」。後に奇兵隊総督。この人は六十五歳まで生きた。明治三十九（一九〇六）年、萩で病死。

大庄屋日記を読んでの驚きは、江戸、京都の出来事が刻々と藩庁から伝達されていることだ。お役所の情報開示は本来、こうあるべきだ。

# 奥さま帰国

文久三（一八六三）年七月二十五日、幕政改革で江戸からの帰国を許された九代藩主・忠幹夫人が沓尾港《くつのお》（行橋市）に上陸した。

この日は、郡代・河野四郎と勘定奉行・大八木三郎右衛門が、幕艦内で自刃した日でもある。攘夷をめぐる長州との軋轢で幕府へ使いしての帰りだったが、長州は小倉藩士の同乗を疑う。幕府役人に迷惑をかけないための切腹だった。

それもあって、奥さまの警備は厳重で、企救《きく》郡の郷筒《ごうづつ》百二十人のうち五十七人がこの夜の宿舎、大橋茶屋を警衛した。

翌二十六日、一行は下曽根で昼食、城野茶屋で城からの出迎えを受けた。下曽根では中村平左衛門も行列を拝見した。

奥さまは実は七代・忠徴《ただあきら》の娘・百代姫だ。嘉永四（一八五一）年、出羽新庄の戸沢上総介正実に嫁いだが、五年後に離縁。文久元年、忠幹に再嫁。呼び名は「お貞さま」。

忠幹には側室（上田氏）との間に文久二年二月八日、男子が生まれている。豊千代丸（後に最後の藩主・忠忱《ただのぶ》）だ。お貞さまには、忠幹の死後、幼い豊千代丸を守って幕末維新期の激浪に身を投ずる運命が待ち受けている。

# 在郷商人

玉江彦太郎著『行事飴屋《あめや》盛衰私史』によると、行事（現在の行橋市）の豪商、九代・玉江彦右衛門は文久三（一八六三）年、格式大庄屋から六郡大庄屋の上席となった。

これは、小倉西浜の一番台場を、宇島の小今井助九郎、大橋の柏木勘八郎、行事の堤平兵衛とともに献上したことによる。出金は三百両。

六郡の大庄屋が受けたショックは大きかった。「小森承之助日記」に、京都郡大庄屋から他郡にあてた回状の写しがある。

「これまで我々が支配してきた者が上席となった。城中、宗門改めのときの席順など、いままでなかったことが起こる。町人の後につくなど心外だ。みなさまはどう思われるか、お考えを聞かせてください」

玉江家は宝永六（一七〇九）年、飴商で創業。以後、綿実、海運、質、酒、しょうゆ、木蠟《もくろう》、両替と商売を拡大してきた在郷商人だった。

その後も殿さまに二百五十年賦で一万両を貸したり、七千両を投じ、独力で豊津藩校・育徳館を建設して献じるなど、その実力を見せつけていたが、家運は次第に傾き、昭和の初めには事業の整理に着手する事態に立ち至る。

# 運上銀

門司郷土叢書『食貨年表』から明治元（一八六八）年の諸免許札の運上銀（税）額を紙数の許す限り紹介する。金一両（現在の十五万円くらい）＝銀六十匁で計算して、当時の商人の負担を想像してみてください。

城下町では郡方のように年貢はとられないが、店の間口に応じた棟別銭も徴収されたという。

| | | |
|---|---|---|
| 大店商札＝四十三匁 | 中店商札＝二十匁 | 小店商札＝十五匁 |
| 田舎店札＝八匁六分 | 魚問屋札＝四十三匁 | 魚商札＝三匁 |
| 醤油手造商札＝四十三匁 | 醤油荷売札＝七匁 | 紺屋札＝十匁 |
| 小米売札＝三十匁 | 塩売札＝二匁五分 | 古手商札＝三十五匁 |
| 薬商札＝四十三匁 | 目薬札＝四匁三分 | 鍛治札＝十匁 |
| 水車屋札＝四十三匁 | 酢手造札＝四十三匁 | 材木問屋札＝二十匁 |
| 傘札＝十匁 | 竹木商札＝二十匁 | 鉄鋼商札＝十匁 |
| 竹細工商札＝四匁三分 | 産物仲買札＝十五匁 | 反古買札＝十匁 |
| 茶手製札＝八匁六分 | 諸商人宿札＝八匁六分 | 油店売札＝八匁六分 |
| 桶屋札＝十匁 | 瓦焼札＝三十匁 | 雑菓子札＝二匁四分 |

# 十一義僧

「中村平左衛門日記」の文久三（一八六三）年に英彦山（日記では彦山）大検挙の総括がある。

「英彦山の山伏が長州に加担したことが露見、多人数が繰り出し、山伏を呼び出して取り調べ、座主院（高千穂教有）一家も十一月二十二日、小倉・室町の村屋へ押し込め、番人がついた」

昭和四十（一九六五）年に英彦山神宮宮司・高千穂有英さんが発行した『幕末秘史　英彦山殉難録』によって事件の結末を見る。

小倉藩が長州との戦いに敗れて小倉城を自焼した慶応二（一八六六）年八月一日、八百屋町の牢で六人が処刑された。政所有縣《ゆうべん》、生島大炊、渋川栄承、鷹羽浄典、宇都宮有允《ゆういん》、宇都宮　堯《ぎょうみん》。

これより前に京都・六角獄舎で殺された佐竹織江、藤山衛門、禁門の変で戦死した水谷左門、小倉・八百屋町牢で病没した城島公茂、佐久間勝信を含めて、英彦山では「十一義僧」と呼ぶ。

長州と連携しての英彦山挙兵、小倉城攻略計画が小倉藩に探知されたための大弾圧だった。

さすがに座主は殺さず山に戻したが、首謀十一人を獄に下した。奇跡的に生きのびたのは三人だけ。幕末、諸藩であった勤王派弾圧事件の小倉版だ。

# 永照寺

小森承之助の文久三（一八六三）年六月十四日の日記に、「きたる十七日は亡弟・胤之助の一周忌につき、茶の子餅を配り、永照寺へ供え物をした」とある。

真宗本願寺の触頭《ふれがしら》で、「小倉御坊《ごぼう》」の名乗りを許されていた永照寺。このときの住職は十五世・西現で、承之助の役宅を訪れたこともある。

永照寺は、米町七丁目（新住居表示で京町三丁目、現在は小倉伊勢丹の敷地の一部）にあった。私事だが、いまから四十年前、学生時代にここの本堂で仏教歌の合唱の練習をしたことがある。

現在は大手町にある。ＪＲ西小倉駅から小倉城の西側の城内なかよし通りを歩くと、第二合同庁舎などの先に、立派な門が見える。ビルに囲まれて、往時より一回り小さくなった感じがする。

門前に「名僧西吟出生の寺」の石柱がある。学僧として有名だった六世・西吟《さいぎん》のことだ。小笠原忠真《ただざね》が小倉に入国したころの住職で、しばしば城に招かれたという。

高橋、毛利、細川、小笠原氏と、歴代領主に保護されてきた永照寺も、都市再開発の波にはあらがえず、平成二年に現在地に移転した。

# 梅花一枝

文久三（一八六三）年の「小森承之助日記」に、お歳暮にもらった品が書きつけてある。

一番多いのは、菓子箱で十八件。次いで砂糖が十四件。雪白という高級品や黒砂糖も含まれる。砂糖漬け、コンペイトウ、ようかん、飴も。

茶六件、茶碗五件、急須二件。永照寺からはたばこ。魚介はカツオ、ハマグリ、オバイケ、アワビ、タイ、ナマコ、ブリ、フグ。

門司郷土叢書の『食貨年表』に幕末のものの値段が出ている。酒は並が一升二百文、上等は一升六百七十六文、大ダイ一匹九百文、カツオ一匹百三十文、茶は半斤百十五文。

金銀銭は変動するが、安政六（一八五九）年の小倉藩の交換比率は銀一両＝六十文、金一両＝銀四十六匁、金一両＝銭二千七百六十文、金一両＝藩札で銀六十匁だった。

もう少しほかの物価を挙げておく。とうふ一丁十文、タコ一匹百文、くず一合四十文、しょうゆ一升百六文、酢一升百文、白みそ一合二十八文、炭一俵百三十文、白米一升百五十六文など。

たくさんの歳暮の中で承之助が最もうれしかったのは、ある隠居から贈られた「梅花一枝」だろう。

# 鶴乃子

『小倉市誌』上編で昔の「米町」を見ると、「福田屋」が載っている。「紺屋町から移ってきた福田屋市郎兵衛は菓子商で、小笠原家の御用聞きである。鶴乃子まんじゅう、練りようかんを売る。鶴乃子は文政のころ江戸から下ってきた東甘堂という者が製法を伝えた」とある。

福田屋の由来は「井伊直政に仕えた福島孫右衛門が浪人となり、黒原村にきて農民となった。細川氏の小倉築城のとき紺屋町に土地をもらい店を構えた」という。

八幡東区東田の「いのちのたび博物館」に、この福田屋ののれんが展示してある。「元祖　紅羊羹　鶴乃子」と染め抜かれている。「鶴乃子」はらくがんに似た菓子で、もちろん博多銘菓「鶴乃子」とは全くの別物だ。

豪商・中原嘉左右《かぞう》は明治十四（一八八一）年、帰京する最後の殿様・小笠原忠《ただ》忱《のぶ》に土産として小倉銘菓「鶴乃子」を贈った。一箱三十五銭。当時の左官の一日の賃金も三十五銭だった。

『小倉郷土会のあゆみ』によると、福田屋は昭和五十二（一九七七）年、二百年の歴史に幕を下ろして閉店した。店先に、俳人・杉田久女の色紙「南山や鶴の巣ごもるよき日和」がかかっていたそうだ。

# 不明門

元治元（一八六四）年四月、前年の春に築いた西浦浜砲台の改修が行われた。加勢を命じられた小森承之助は十日と十二日に手永から二十五人ずつ派遣、自らも出張した。

企救《きく》郡の担当は九－十三日で、計三百五十人が作業した。もっこ、くわは各自持参だ。承之助の日記で、砲台は一－四番の四つあり、この年、新たに五番目が造られたことが知れる。

土は、大門と「あかず門」の堀をさらえて使った。あかず門は、不明門と書く。小倉城の北の丸（現在の八坂神社）から二の丸（現在のリバーウォーク。当時は家老屋敷）への出入り口で、非常用の橋が架かっていて、ふだんは閉めてあった。

砲台（台場）は室町の浜に構築された。現在のJR線路の向こう側だ。今村元市編の写真集『小倉』に、このときの石垣の写真二枚が載っている。

一日百－百五十人の農民が加勢したが、一人に、酒の代わりとして米三合が支給された。

小倉藩の場合、刑罰としての労役以外に、ただ働きはない。何らかの賃銭が支払われたことは記憶しておくべきだろう。その元手が年貢と付加税であることも。

# ご尊顔

元治元（一八六四）年四月二十三日、小倉藩主・小笠原忠幹《ただよし》への献米、献金の儀式が行われた。

町屋から金、郡中からは米。小森承之助の手永からは米六十二石が献上された。翌日には奥さまへ米と金を差し上げた。小森手永からは米四十一石二斗。場所は下屋敷（現在の小倉城庭園）一帯だ。

中村平左衛門の孫・虎之助も拝見にいったが、奥さまの顔を見た者などはいなかっただろう。

大名の奥方については豊前叢書『鵜《う》の真似《まね》』にこんな話がある。

藩士は奥様の顔を見上げるなどの無礼は許されない。榎本与次兵衛という者が老女を通して願い出た。

「私、奥さまをお見知り申し上げませぬ。事によって不行き届きがあっては恐れ多きこと。なにとぞ、とくとご尊顔を拝したし」

これを聞いた四代・忠総夫人は「もっともである。これへ通せ」。

二メートルほどの近さに平伏する榎本に声がかけられた。

「日々大儀。遠慮のう頭を上げよ」

忠総夫人は広島藩主・浅野吉長の養女・喜姫。美人だったかどうかは記録がない。

# 宗玄寺

「中村平左衛門日記」によると、元治元（一八六四）年五月七日、宗玄寺で小笠原秀政の二百五十回忌法要が営まれた。

秀政は、小倉小笠原の初代・忠真《ただざね》の父で、元和元（一六一五）年、長男とともに大坂夏の陣で戦死した。五月七日は命日にあたる。

曹洞宗の宗玄寺は秀政が信州・松本に創建。忠真の移封に伴って、明石へ、小倉へ。小倉では、細川氏の泰勝院が熊本へ移ったあとに建てられた。寺領百五十石。

もとは小倉北区馬借一のブックセンタークエストの位置にあったが、昭和五十一（一九七六）年に寿山町に移転した。

宗玄寺の隣には、臨済宗・開善寺もあった。デオデオの位置だとされる。これも昭和三十六年、小倉南区湯川二に移転した。

小倉の寺は城下にあまりにも多すぎたため移転を余儀なくされている。その歴史は、平成八年に北九州市が出した『足立山麓文化資源基礎調査報告書』に詳しい。

元治元年の法事の香典は例によって百石につき銀二分（現代感覚で五千円くらい）。強制だが妥当な額で、金額で悩まないですむだけ合理的だともいえる。

# 農兵・郷筒

第一次長州征伐を前に戦備を整える小倉藩は、城を守る本陣のほか、家老を大将とする六つの「御備《おそなえ》」を組織した。

これには家臣団とともに農兵・郷筒《ごうづつ》が配備された。小森承之助の元治元（一八六四）年の日記によると、企救《きく》郡二百六十七人（うち郷筒一二七人）、田川郡二百四十人、京都郡三百人、仲津郡二百五十人、築城《ついき》郡二百人、上毛《こうげ》郡百五十人。これに分家の小倉新田藩五十人を加えて計千四百五十七人。

小森手永からは農兵二十三人、農兵加勢四十三人、郷筒八十八人（うち十五人は老齢と長患い）との数字が見える。

農兵は庄屋などの役持ち層で、名字帯刀を許される代わりに武器など自弁だが、「庄屋武装」の項で見たようになかなか賄えない。結局は「撫育《ぶいく》金」から借りたり、郡会計から出したりしたようだ。

大里や田野浦など台場へ出張すれば、家業や村の役目に支障が出る。平日は剣術や小銃のけいこもある。使役をできるだけ減らしてくれ、出張に手当を出してくれ……と大庄屋は種々の嘆願を繰り返すが、「はなはだもって心得よろしからず」と認められなかった。

下関攻撃は中止に。長州が恭順の姿勢を示したからだ。

# トイレ

第一次長州征伐は、長州が家老らの首を差し出して恭順したため中止になり、小倉に集結した諸藩の軍勢も国に帰って、つかの間の平穏が訪れた。

慶応元（一八六五）年四月十七日、小森承之助へ書きつけが届いた。「九代藩主・小笠原忠幹《ただよし》の夫人が菅生《すがお》の滝においでになる、用意せよ」。奥さま、お姫さま、奥女中ら総勢八十人を超えるピクニックだ。

小倉南区の菅生の滝は伊藤常足の『太宰管内志』にも「道原村に菅王寺の滝というものあり」と出ている。「豊国名所」には「すがわ」と題して現在と変わらぬ滝の姿の絵図がある。

お城の北の丸で暮らす奥さまらには、このうえない気晴らしになったろうが、承之助らは道中の警備、昼食、夕食の準備など多忙を極めた。

女性が多いためトイレが設営された。城下から承之助の役宅がある祇園町（小倉南区長行）までに平屋便所二か所、山本村、道原村、滝の近くに計五か所の柴囲いの仮設トイレが用意された。

当時のトイレ事情に興味のある方は『江戸の女たちのトイレ』（TOTO出版）をどうぞ。ついでだが、小倉城には殿様のトイレが復元されている。

# 野合懐妊

慶応二（一八六六）年の「仲津郡国作《こくさく》手永大庄屋御用日記」から。

大橋村（現在の行橋市）の「そと」が野合懐妊した。相手は、同じ村の岩吉。ともに二十二歳。野合とは、婚儀をすまさず男女が通ずることだ。このことは、手永の撫育《ぶいく》方（庄屋）、大庄屋の連名で小倉藩の撫育方役所へ前年十月十二日に通報され、村役のとりなしで、十一月二十一日に入籍したと報告された。

村の撫育方とは、いまの民生委員のような存在と考えていいだろう。

そとは二月二日、無事に女児を出産した。村役の忠告をいれて婚姻、出産したのは「奇特」のことだと、四月二十一日に子供の初着のひとえもの一枚が、撫育方役所から下された。

大庄屋日記には、このほか「万平・その」、「惣三郎・きく」、「丈平・てい」（女児を死産）、「兵一・とら」と、相手の男が誰かわからず死産した「きわ」の五組の野合カップルの名がある。

惣三郎・きくは、無事に出産したが婚儀はととのわず、きくの父親が養育することになり、これへも初着一枚。

長州との戦争を前にしても、ご城下から遠い村の男女はかくのごとし。

# 討ち死に

慶応二（一八六六）年の第二次長州征討。長州は大島口、芸州口、石州口、小倉口で幕軍十万を相手にした。軍勢は三千五百。このうち、小倉口は幕軍二万に対し、高杉晋作率いる千人。

六月十七日の門司・田野浦奇襲で戦いが始まった。長州側は四境戦争の一つ、小倉戦争といい、小倉側は「丙寅《へいいん》のご変動」と呼んだ。

その後、大里や赤坂での激戦を経て、ついに小倉を支えきれず、八月一日、城と城下を焼いて香春へ引き下がり、以後は企救《きく》郡の山野を戦場にゲリラ戦を繰り広げることになる。

講和が成立したのは翌年の正月だった。この間、どれほどの死傷者が出たのだろうか。『下関市史』は「正確にはわからないが長州側で約二百人、小倉側では五百人にものぼったであろう」とする。

マツノ書店（山口県周南市）発行の『防長維新関係者要覧』で長州の死者を数えてみた。

戦死六十二、戦傷死三十九、事故で負傷後死亡五、小倉出陣中病死七、出陣後病死二十一、行方不明三、水死一で、計百三十八人である。

敗戦の小倉側には詳細な数字はないが、記録されているものを次回、紹介する。

# しかばね

対長州戦争での小倉側の死者は、『小倉市誌』、『企救郡誌』、豊前叢書『小倉戦史』、『豊国戦記』（佐野経彦著）に出ている。

『小倉市誌』は「およそ」、「あらまし」として五十一人の名（三人は不明）を挙げているが、戦死者カードを作ったら六十四人となった。士分（藩士、その家来）五十一人、農兵・郷筒《ごうづつ》ら十三人である。

長州・奇兵隊日記などを詳細に見れば人名や数が増えるだろうし、小倉に駆けつけた他藩のうち唯一戦闘に参加した熊本藩や、小倉の支藩の戦死者も加えなければ、全体像はわからない。

「中原嘉左右日記」の慶応四（一八六八）年七月十八日に、一人の戦死者の供養が出てくる。

小倉・京町十丁目（他の史料では十一丁目）、出夫（町夫とも）千代吉（岡村千代吉とも）は慶応二年の小倉戦争の際、石原町で戦死した。九月七日だった。島村志津摩《しづま》の一番備の小荷駄方（兵糧方、たきだし夫とも）だったという。

七月二十七日に供養を行うので、身よりの者は参拝するよう藩庁から沙汰があった、とだけ書きつけてある。寺の名などはない。戦死から二年後のことだった。

# 郡典私志

慶応二（一八六六）年四月二十一日の「中村平左衛門日記」。

「年来、見聞した地方《じかた》のことを一冊にまとめ、小森承之助に添削を乞うている。仮に未定稿と名づけている」

これは、のちに息子の津田泰蔵（企救郡長）により献本され、内閣文庫にも収蔵された『郡典私志』である。

小森承之助はこの時期、六月十七日の長州の田野浦攻撃を前に多忙の極にあった。日記には何も記していない。尊敬する先輩に意見を述べる時間などあったかどうか。

『郡典私志』は豊前史料集成の第一冊として、永尾正剛さんの編で昭和五十三（一九七八）年に刊行された。

この本は、ほとんどが農政と税のことで、古書店で探してお読みなさい、などとは決していわない。難解で、三度読んだが、ほとんど理解できないでいる。

中村平左衛門自身の経験とともに、庄屋宅に伝わる文書なども収録した労作ではある。その一つに、百歳を超える老人が細川氏時代を回顧した話がある。

「十郡から科人《とがにん》が絶えず出ました。ご法度に背く者は毎日毎夜、小倉に引き出し死罪になりました」

# 小倉屋

下関の大年寄・白石正一郎の祖は、作兵衛という。十七世紀後半に小倉から移住し、回船商「小倉屋」を開いた。

正一郎宅は長州・奇兵隊結成の地となったことで名高い。JR下関駅の近く、竹崎町の中国電力前に居宅跡の碑がある。

先祖が小倉出身というだけでなく、妻も小倉・上富野村の林加寿子だ。安政七（一八六〇）年三月五日の「白石正一郎日記」に「今夜、富野へ止宿。翌日より筑行（福岡へ）」とある。

それから六年後の慶応二年八月一日、小倉藩はみずから城を焼いて企救《きく》郡を退く。正一郎らは二日の小倉城に続いて、三日には富野の砲台を見分した。

高杉晋作に断って妻の実家を訪ねると、家人は逃げ去り、盗っ人が家財を荒らしたあとだった。

林家の下男が姿を現したので、大庄屋・富野幾之助への書状をしたためた。「公然と帰宅して長州の支配を受け、小庄屋を指揮し農民をとりしずめよ」

幕末の志士らのために家産を費消し、のち赤間宮の宮司となった白石正一郎は明治十三（一八八〇）年没。六十九歳。正五位を追贈された。

# 小倉自焼

下関の商人・白石正一郎の日記で、慶応二（一八六六）年の小倉城自焼の様子を見る。

八月一日　昼前より小倉大火なり。城内火をかけ候よし。高杉（晋作）山県（狂介）大里へ渡り候よし。夕方帰り来る。

二日　朝、大里へ渡りすぐさま小倉へ行く。小倉市中ことごとく空き家に相なり、盗っ人ことのほか多し。

　橋本（常盤橋そば）大坂屋（東側）を本陣として昼飯相しまい、それより小笠原壱岐守（幕府老中）旅宿、丹賀（旦過）の宗源（宗玄）寺へ行く。諸所見分。室町、人家焼亡、夕方より客屋（客館。常盤橋の西側）へ火もえつき、火の手ははなはだし。今夜、長浜へ本陣をかまえ休足。分捕りの武器、大砲、野戦砲、小銃、弾薬、兵糧米などははなはだし。

四日　朝より城内見分。今日も盗っ人多く、制し候えども行き届きかね、一人、峰打ちいたし候。また一人、城内へ縛りおき候。（中略）

　家老屋敷見分。渋田見新《あらた》（縫殿助、のち新。千七百石）という家で女一人死す。小銃にて腰を撃たれ、首を切りてこれあり。此方の隊（長州）の者へ刃向かい候よしにて、よんどころなく切り捨て候よし。

# 玉枝奮戦

「小倉自焼」の項で、白石正一郎の日記から、家老屋敷を見分したら女の斬殺体があった、と紹介した。

実は豊前叢書『小倉戦史　続編』に小倉側の記録がある。女の名は玉枝で中老・渋田見家の侍女。

渋田見舎人は二番手、息子の新は三番手の士《さむらい》大将だ。慶応二（一八六六）年八月一日、小倉藩が城を焼いて田川郡へ退去するとき、舎人は病床、新は戦場にあった。

奥方二人や家来が立ち退きを説くが、舎人は息子や部下の安否を聞くまではと、いうことを聞かない。そこへ玉枝が病室に入ってきた。「私が奥さまの名代として屋敷に踏みとどまり、若さまらの先途を見届けましょう」

三日昼、長州勢が押し寄せてきた。新の妻の衣装に身を包み、これまた拝領の長刀《なぎなた》を手に玉枝は立ちはだかった。「主人の留守中、踏み入らすべきや。尋常に勝負っ」

取り囲んで三方から襲いかかったが、玉枝は強い。一人を切り倒し、一人には手傷。一度門外に逃げ出し銃を一発、玉枝の左腕を貫通した。いまやこれまでと、奥に入り屋敷に火を放つ。のどをかき切って火炎に身を投じた。二十七歳の美女だったという。

# 赤坂合戦

原田茂安著『改訂　愁風小倉城』という本がある。慶応二（一八六六）年の長州と小倉との戦争を知る好著だ。

この戦争には小倉藩だけでなく久留米、柳河、肥後、唐津の各藩、幕府からは総督・小笠原壱岐守長行《ながみち》はじめ、千人隊、別手組が参陣していたのだが、小倉勢の苦戦を傍観するのみで、戦闘に参加したのは熊本藩だけ。七月二十七日の赤坂の戦いで長州勢を撃退した。

この日、長州の戦傷死四十三人、負傷は百人を超えたという。小倉藩の戦死は六人のみ。敗走して熊本陣に逃げ込み、熊本藩を戦闘に巻き込んだという見方もある。

原田さんの祖父・清九郎の談話に、こうある。

「自分ら田川郡の庄屋たち二十数人は、大目付・塚原但馬守の配下に入って、田町の明照寺に詰めていた。平常の仕事はパンを焼いたり、弾丸よけの綿入れを縫ったり。二十七日の戦争が肥後兵の奮戦で勝ったあとは、赤坂に出張して戦場の後かたづけをした。長州の戦死者の死体は、大目付の検視のあと、三か所に積み重ねて焼いた」

この熊本藩も、小倉藩の懇望を振り切って帰国する。長州との私戦化を恐れたのだ。小倉藩は孤軍となる。

# 御乳、琴

慶応二（一八六六）年八月一日、小倉城に火を放って熊本へ逃避する藩主一行の御殿女中四十数人の中に、

「若殿様御乳、琴」

がいた。小倉郷土会「記録」第十三冊の友石孝之さんの論文中にある。友石さんは小森承之助の孫にあたる。

承之助の最初の妻・文子は慶応四年七月三日に死去。二人の間の二男・類次郎が友石さんの父だ。

承之助は二度目の妻をめとる。南野《のうの》琴。若殿・豊千代丸（後の忠忱《ただのぶ》）の乳母だった。

門司郷土叢書にも友石さんの文章がある。琴は豊千代丸を抱いて、雨の中、呼野、金辺《きべ》峠、採銅所を経て熊本へ。明治三（一八七〇）年に豊津藩が発足するまで、若君のそばを離れなかったという。

琴は藩主家から大事にされた。明治三年六月十四日の承之助日記に「家内から御上、奥さまへの差し出し物を豊津へ」、七月四日「豊津から家内へ下されの品々到来」などと記してある。

だが、承之助の家にはよい結果をもたらさなかったようだ。

「富貴になれた御殿生活から悪い影響を受け、やや家運を傾かせた」

# 農民武士

「豊前国仲津郡国作《こくさく》手永大庄屋御用日記」は慶応二（一八六六）年の分が、福岡県地方史研究連絡協議会から刊行されている。

国作手永は、現在の福岡県みやこ町のあたりだ。六月十七日の長州による門司・田野浦奇襲の後、同二十三日の日記に、福原村の庄屋、方頭《ほうがしら》から大庄屋・国作昇右衛門にあてた文書がある。

福原村は家数十二軒、十五－六十歳の男は十七人。うち一人は庄屋の助役の方頭、四人が「御譜代」、二人が軍用人夫、二人は歩行不能。残る八人で農業をし、軍用そのほかの役目をしている。喜田村三郎（馬廻《うままわり》、三百石）から、村の増太郎を召し抱えたいと催促がきているが、以後すべて断ってくだされ――。

馬廻以上の藩士は百石につき三人の譜代（家来）を抱えるよう命じられた。目をつけられたのは、農村の屈強な男子。名字帯刀が許され、戦闘員として補充された。

対長州戦争での戦死者は、先に農兵ら十三人、士分は五十一人と紹介したが、その中に、「〇〇家来」と記された者が十六人いる。

急造のにわか農民武士に戦死者はいるのか、いま名簿を調査中だ。

## 暴民一揆

慶応二（一八六六）年八月一日の「仲津郡国作《こくさく》手永大庄屋御用日記」に、郡方役所から京都、仲津、築城《ついき》の三手永大庄屋へあてた書状の写しがある。

小倉城を退去した奥さま（九代・忠幹《ただよし》未亡人）と若さま（後の十代・忠忱《ただのぶ》）は、田川郡の香春お茶屋に移られた。各地の農兵らは、まかり出てお守りせよ。指図は和田藤右衛門（仲津郡筋奉行）と、下條五兵衛（田川郡筋奉行）がする——。

城と城下に火が放たれた混乱に乗じて、この夜、京都郡に、次いで仲津、築城、上毛《こうげ》の各郡に暴民の一揆が荒れ狂った。

『福岡県史』によると、郡代・杉生募の報告を受けた家老・小宮民部は兵を差し向け、首謀の者を切り倒し、首をさらしたので沈静したという。

大庄屋、小庄屋の屋敷をはじめ、柏屋（柏木勘八郎）や万屋（小今井助九郎）ら豪商も焼きうちにあった。

大庄屋の小森承之助、中村平左衛門の日記を見ると、年貢や夫役の減免を求めての「村方騒動」は起きてはいるが、犠牲者を出す百姓一揆は、小倉藩では起きていなかったのだが……。

本当の百姓一揆勃発は、企救《きく》郡が長州の支配下にあった明治二（一八六九）年である。

# 九右ヱ門

慶応四（一八六八）年三月二日、長州藩の預かりとなっていた小倉領の企救《きく》郡は「長州領」となると告知された。

明治二年八月二日、日田県の管轄に、と発表されたが、実際の統治は引き続き長州が。

この年十一月十六日、小倉領では最初で最後といわれる「企救郡百姓一揆」が起こった。大庄屋、庄屋ら村役人の不正の糾弾に端を発したものだ。

事件の経過を詳しく述べる紙数はない。興味のある方は図書館で『三谷むかし語り』合本第一巻を読まれよ。

一揆の首魁として一人の農民が明治四年三月十七日、日田で絞首刑に処せられた。小森手永新道寺村の原口九右ヱ門。

門司郷土叢書に古老の聞き書きがある。

「新道寺の九エム（九右ヱ門）さんかな。ありがたい人じゃったなあ。毎年春先になると、村々のお大師参りがある。人数が次第に加わり、多い時にゃ二千人もが九エムさんの墓参りをする。中にはオンオン泣き出す者もあったなあ。自分の命を投げ出して人民の難儀を助けてくれた。こがいなありがたいことちゅうたら、ありゃしません。ああ、また泣きとうなってきた……」

# 小倉刀工

小倉郷土会「豊前」第四号の「古老に聴く」の項に小倉の刀工・紀政行さんの回顧談がある。昭和十一（一九三六）年当時、八十歳。本名は徳永国太郎。

慶応二（一八六六）年の対長州戦。鍋村友之丞の家で武家奉公していた国太郎少年は、主人の家族とともに実家の企救《きく》郡東谷（現在の小倉南区）へ、田川郡金田村へと逃れ、さらに熊本へ落ちていく。

「寒いさかりで、落人たちは氷雨に打たれ、泥濘《でいねい》を踏んで、老少をいたわりながら山道を歩いていきました。途中、大きなたき火がしてありましたが、これは秋月藩のもてなしで、暖をとり疲れた足をひいて、ようやく南関にたどりついたのが忘れもしない、師走の二十九日で、モチを三片ずつ振る舞われました」

南関の民家に主人一家と滞在していた国太郎が帰郷したのは、翌年の六月だった。その後、豊津藩庁の小使いをしていたが、明治六（一八七三）年、刀工・紀政広に弟子入りする。

廃刀令で、師匠は築上郡伝法寺村で農具を打っていた。十一年の修業を終えて刀剣鍛錬の伝授を受けたのは二十六歳だった。小倉刀工の技は、その子・政次、孫の政紀の死で、絶えた。

# 髪結い床

門司郷土叢書に床屋の話が載っている。

昭和十一（一九三六）年九月五日、恒元岩蔵さんら当時七十歳以上の古老三人に、藩政時代から明治初年のころの話を聞いた記録だ。

小倉城下には、二十四軒の髪結い床があった。うち五軒は常盤橋のほとりにあり、恒元姓の岩、勇吉、庄助の三人のほか、塚口惣兵衛の名が挙げられている。町の人は「恒元床」、「塚口床」などと呼んだ。

利用者は、ほぼ町家の人で、武家方でくるのは中間以下の者だった。商家の主人で五日、一般町人は七日目くらいに結い替え、郡部からの者は月に一度程度だという。料金は米一升くらい。

市中引き回しのうえ処刑される者は、平松の刑場へ向かう前に、常盤橋の床屋で髪を調えてもらう。罪人のひげそりは右側からと決まっていた。従って、そうでない人は必ず左側からだ。

明治四（一八七一）年八月、断髪令が下る。次の一節は原文通り。

「断髪を決行するのは中々容易ではなく　皆執着があり　色々な面白い話が伝へられて居るが　切る時は大概女房がついて来て　二人乍《なが》らソツト涙を拭つたものぢやつた」

# へへり坂

昭和二十五（一九五〇）年に小倉市制五十周年を記念して発行された『小倉』の「雑談部屋」に二つの坂の話がある。

一、きんたま坂

「中井口の電車停留所から山手にのぼるだらだら坂。むかしこの坂にひとりのキコリが住んでいた。冬の日にたき火をして居ねむりをしていたところ、睾丸《きんたま》に火がついて大やけどのすえ、とうとう死んでしまった。以後たれいうともなく、きんたま坂と呼ぶようになった。あわれな話である」

電車はなくなって、いまは一般道となっている。中井口バス停の目の前の坂だ。坂の下に住んでいた人に聞いたから確かである。

二、へへり坂

「寿通りから添田線の線路を横ぎって師範の付属校にのぼる坂。むかし坂の上に放屁《ほうひ》の芸で渡世するへへり師がいた。得意は水車という珍屁。往来で演ずる奇芸に投げ銭が飛んだ」

寿通りも添田線もいまはない。『おもしろ地名北九州事典』によると、「大田町から小文字通りに抜け、教育大付属中学に至る坂道にあたる」という。ここは現地を見ていない。東京のように、「〇〇坂」と標柱などないので、物好きな方はご注意を。

# おたた

小倉郷土会の機関誌は戦前の第一期が「豊前」で、十号まで発行。

戦後に再興された第二期は、昭和二十八（一九五三）年からの「記録」で、現在二十六冊まで刊行されている。

第一冊は、かつては漁村だった小倉北区長浜地区の特集だ。

作家・劉寒吉さんの随想に、長浜から小倉の町へ魚を売り歩いた、「おたた」さんと呼ばれた女性のことが載っている。

ハンギリ（半切、盤切）桶を頭に載せ、「コマ小ダイに、タコに、イカはいらんかなー」と呼び歩く人もいたが、たいていは得意先を持っていたそうだ。

劉家に出入りした「おたた」はオコウさん。朝やってきて台所に入る。主婦が「これ」と注文すると、調理をすませて帰っていく。値段は決して安くはないが、おいしかったという。

手元に昭和二十七年当時、七十三歳で「最後のおたたさん」といわれた荒木トミさんの写真がある。小倉郷土会世話人の馬渡博親さんからいただいた。

馬渡さんから種田山頭火の句（伊予松前《まつさき》の浜の魚《おたた》うり）を教えられた。

「おたた　しぐれて　すたすたいそぐ」

# フグ鍋

門司郷土叢書『河豚《ふぐ》雑志』に載っている古老の話。

―うまかったのは？「筑前・芦屋のがうまいちゅうことじゃった」

―料理は？「たいていチリ。豆腐とネギを入れ、酢じょうゆでやった。みそのときには、小ネギをコウモウ（小さく）切ってふりかけよったなあ。本当のことは知らんが、ネギは毒消しというなあ」

―刺し身は？「なんぼか食った。厚切りの身で、コショウをすりこんだ酢じょうゆでやったし、キツネ色にあぶってダイコンおろしの酢じょうゆでもやった。これなら、なんぼう食うても、あたらんじゃったなあ」

―禁止された？「なるべく売買するなといわれたが、やっぱり食うたなあ。うまいけえなあ。しかし、死人が出ると、すぐお触れが出たなあ。どこかで、いっぺんに三人も死んだことを覚えちょる」

―毒消しは？「ツワブキの茎をかんで苦い汁を吸うた。効くかどうかわからん。気休めじゃろう」

―武士も食った？「フグ好きが多かったなあ。上物は、だんな方の裏門を入るものが多いちゅうことじゃった」

# 吉原見物

北九州市立中央図書館に『悠久の譜　小林家の歴世』がある。小林博明さんが信州から小倉へ、明治維新後は屯田兵として北海道へ移住した先祖の足跡を追った労作だ。

豊津藩知行切米名簿に「下士上等　七石二人」と出ている小林槌太郎も先祖の一人だ。「二人」とは二人扶持のことで、一人扶持は一日米五合。二人扶持なら年に三・六石ほどになる。

この本には戊辰戦争に「玉薬受払役」として従軍した槌太郎の「往来日記」が引用されている。この日記は平成十二年に出版された宇都宮泰長編『小倉藩幕末維新史料』に掲載されている。

慶応四（一八六八）年二月十九日の沓尾港《くつのお》（行橋市）出航から始まり、大坂、京都を経て江戸の城門警備のあと、庄内追討令を受けて、横浜から英国船で仙台へ。

秋田に滞陣中の七月三日で日記は終わり。このあとは激戦続きでメモをとるひまもなかっただろう。九月二十三日に庄内藩が降伏。槌太郎が沓尾港に帰ったのは翌明治二（一八六九）年一月四日だった。

往路だが、閏《うるう》四月二十四日夜、三人で「吉原見物致申候」。見るべきものは、ちゃんと見た。

# おわりに

これは最初にお断りすべきことだったが、文中の年月日は旧暦（太陰暦）によっている。

小倉の豪商・中原嘉左右《かぞう》の日記によると、太陽暦への変更は明治五（一八七二）年。この年の十二月三日を明治六年一月一日とする布告が出た。

もう一つは「小倉藩」という表記についてだ。武光誠著『藩と日本人』（PHP新書）によると、「藩」は江戸幕府崩壊後に通用した言葉で、公式には明治四年の廃藩置県まで四年しか使われなかった。

それでは、当時の人たちはどう書いていたか、実例を挙げる。

殿さまの署名は「小笠原左京大夫　源忠幹」。家臣は公文書には「小笠原右近将監家来　勝野兵馬」。庄屋らの文書には「伊東播磨守様御領分　備中国下道郡川辺村」、「九州豊前国小倉御領分　仲津郡崎山村」などとある。

これらは承知のうえでわかりやすく、小倉藩、熊本藩などと記した。

さて、二百回にわたった連載を終える。東京でインターネット版を読んでくれた人、宮崎県五ケ瀬町から土地の庄屋文書を送ってくれた方もいた。地域の歴史のおもしろさに目を向ける人が一人でも増えれば望外の喜びだ。

平成十七年十月七日

## 参考文献


『中村平左衛門日記』全十巻、北九州市立歴史博物館、一九八二―九三年
『小森承之助日記』全五巻、北九州市立歴史博物館、一九九五―九九年
『豊前国仲津郡国作手永大庄屋御用日記　慶応二年丙寅』福岡県文化会館、一九七八年
中原嘉左右著、米津三郎校注・編『中原嘉左右日記』全十二巻、西日本文化協会、一九七〇―七七年
白石正一郎著・下関市史編修委員会校訂、下関郷土資料2『白石正一郎日記』下関市役所、一九五九年

＊

吉永禺山編、門司郷土叢書『絵踏』門司郷土会、一九五三年
吉永禺山編、門司郷土叢書『藩政時代　百姓語彙』門司郷土会、一九五四年
吉永禺山編、門司郷土叢書『食貨年表』門司郷土会、一九五六年
吉永禺山編、門司郷土叢書『藩政時代　法・刑雑録』門司郷土会、一九五六年
吉永禺山編、門司郷土叢書『河豚雑志』門司郷土会、一九五七年
中山主膳編、門司郷土叢書『寛政元酉歳巡見御答書』門司市立図書館、一九六〇年
中山主膳編、門司郷土叢書『島めぐり』門司市立図書館、一九六〇年
吉永禺山編、豊前叢書『小倉藩政雑志　歴代藩主』1―6、豊前叢書刊行会、一九六二―六四年
藤真沙夫編、豊前叢書『行刑録・西山宗因小倉城御賀千句・西国道日記』豊前叢書刊行会、一九六三年

小島禮重著・藤真沙夫編、豊前叢書『鵜の真似』豊前叢書刊行会、一九六四年
藤真沙夫編、豊前叢書『彦夢物語』豊前叢書刊行会、一九六六年
藤真沙夫編、豊前叢書『小倉戦史』豊前叢書刊行会、一九六七年
中村平左衛門維良著・永尾正剛編、豊前史料集成1『郡典私志』小倉藩政史研究会、一九七八年
松井斌二著・小倉藩政史研究会編、豊前史料集成3『倉藩時式・龍吟成夢』小倉藩政史研究会、一九九四年

*

横井忠直『小笠の光』小野二郎、一九一四年
佐伯仲蔵『梅田雲浜遺稿並伝』有朋堂、一九二九年
伊東尾四郎編『企救郡誌』、一九三一年
黒田甲子郎『奥元師傳』国民社、一九三三年
山崎有信『豊前人物志』山崎有信、一九三九年
緒方富雄『緒方洪庵伝』岩波書店、一九四二年
『小倉』小倉市役所、一九五〇年
友石孝之『村上仏山　ある偉人の生涯』美夜古文化懇話会、一九五五年
石井良助『江戸の刑罰』中公新書、一九六四年
劉寒吉編『西谷　その歴史と民俗』小倉郷土会、一九六五年
高千穂有英『幕末秘史　英彦山殉難録』英彦山殉難大祭委員会、一九六五年
シーボルト著・斎藤信訳『江戸参府紀行』東洋文庫、一九六七年
北九州近世・近代史研究会編『藩政時代の北九州』北九州近世・近代史研究会、一九六九年
大隈岩雄『北九州の民話　小倉篇』小倉郷土会、一九七三年
原田安信編、秀村選三ほか校註『博多津要録』全三巻、西日本文化協会、一九七五－七八年
北九州市教育委員会編『小倉城　小倉城調査報告書』北九州市の文化財を守る会、一九七七年
佐野経彦『豊国戦記』防長史料出版社、一九七七年
安藤英男『訳註頼山陽詩集』白川書院、一九七七年

小野武雄編著、江戸風俗図誌6『江戸物価事典』展望社、一九七九年
今村元市編『写真集明治大正昭和　小倉　ふるさとの想い出83』国書刊行会、一九七九年
川路聖謨著、藤井貞文・川田貞夫校注『長崎日記・下田日記』東洋文庫、一九七九年
沢忠宏『関の廓盛衰史』一九八五年
原田茂安『改訂　愁風小倉城』臨川書店、一九八七年
羽川満著・小林博明編『悠久の譜　小林家の歴世』小林博明、一九八七年
米津三郎編『読む絵巻小倉』井筒屋、一九九〇年
瀬川負太郎・植山光朗・古荘智子編著『おもしろ地名北九州事典』小倉タイムス、一九九一年
氏家幹人『殿様と鼠小僧　老侯・松浦静山の世界』中公新書、一九九一年
根岸鎮衛著・長谷川強校注『耳嚢』全三巻、岩波文庫、一九九一年
渡辺信一郎『江戸の女たちのトイレ　絵図と川柳にみる排泄文化』TOTO出版、一九九三年
別冊歴史読本52『江戸切絵図』新人物往来社、一九九四年
太田素子『江戸の親子　父親が子どもを育てた時代』中公新書、一九九四年
三谷一馬『江戸商売図絵』中公文庫、一九九五年
米津三郎『小倉藩史余滴』海鳥社、一九九五年
田村哲夫編『防長維新関係者要覧』マツノ書店、一九九五年
北九州市小倉北区役所まちづくり推進課編『足立山麓文化資源基礎調査報告書』北九州市、一九九六年
『小倉城下町調査報告書』北九州市、一九九七年
『三谷むかし語り』合本第一巻、むかし話をする会、一九九七年
玉江彦太郎『小倉藩御用商　行事飴屋盛衰私史』海鳥社、一九九八年
武光誠『藩と日本人　現代に生きるお国柄』PHP新書、一九九九年

深井甚三『江戸の宿　三都・街道宿泊事情』平凡社新書、二〇〇〇年
宇都宮泰長編『小倉藩幕末維新史料』鵬和出版、二〇〇〇年
村田応成画・北九州市立歴史博物館編『豊国名所付六郡名所記』北九州市立歴史博物館、二〇〇〇年
白石壽『小倉藩家老島村志津摩』海鳥社、二〇〇一年
『小倉郷土会のあゆみ　曽田共助につづく人びと』小倉郷土会、二〇〇二年
J・H・レフィスゾーン著・片桐一男訳、新異国叢書『レフィスゾーン江戸参府日記』雄松堂出版、二〇〇三年
神崎宣武『江戸の旅文化』岩波新書、二〇〇四年
宇都宮泰長『宮本玄信伝史料集成』鵬和出版、二〇〇五年

*

西日本文化協会編『福岡県史』福岡県
『福岡県史資料』福岡県
『小倉市誌』小倉市役所
北九州市史編纂委員会編『北九州市史』北九州市
豊津町史編纂委員会『豊津町史』豊津町
下関市史編修委員会『下関市史』下関市

*

「豊前」小倉郷土会
「記録」小倉郷土会
国立天文台編「理科年表」丸善

# 含羞のひと・土井重人さん

元読売新聞西部本社編集局次長　屋地公克

読売新聞西部本社が発行している夕刊の社会面に「余響」というコラム欄がある。一行十四字で本文が四十一行、末尾に筆者名が一行あって、合わせて四十二行。四百字詰め原稿用紙で一枚半に満たない短さである。

題材にさしたる制限はなく、身辺雑記を除けば、取材余話、ちょっといい話、何を書いてもいいということで二〇〇〇年七月一日にスタート、二〇〇七年七月現在、なお掲載は続いている。

土井重人さんが初めてこの欄に執筆したのは、二〇〇〇年十二月二十七日。

「徳山市のマツノ書店が出した『防長維新関係者要覧』（田村哲夫編）は、長州人の死にざまを集大成した本だ」と書き出されたものだった。以降も積極的に書き続けて、例えば、こんな一本もある。

会社の社員研修委員会が主催した「セカンドライフセミナー」に出席したとマクラに振って、

年金、保険などの難しい話が続いた中で、印象深かったのは、稲永和豊・久留米大名誉教授の講演「物忘れの年齢」だった。最近とみに物忘れがひどく、若い記者らの名前が覚えられない状態なので、これだけは真剣に聴いた。たばこはダメ、酒は一合までなら、心筋こうそくの予防になるという。

酒、たばこしか楽しみのない私には、唯一、味方がいた。ぼけずに八十二歳まで生きた亡父だ。一日に酒一升、たばこ四箱の強い遺伝子を受け継いでいれば、という淡い期待だが、現実はすでに厳しい。

過日、買い忘れのないよう、メモを用意してスーパーへ。商品を選び、支払いをすませたが、レジの女性が「お客さーん」とけたたましく私を呼ぶ。釣り銭だけ受け取って、品物の入ったかごはそのままに、立ち去ろうとしたのだった。(略)

きょうもまた、何をするために一階に下りたのか思い出せぬまま、二階に戻りながら、今のうちに何か手だてを、と悩んでいる。

あるいは、

中学校のクラス会に出た。大学卒業以来なので、懐かしいあの顔、この声……というわけにはいかない。談笑しながら、名前と顔が一致しない人もいた。みな孫があり、連れ合いに先立たれたばかりの人もいた。
「土井っ、おまえ新聞のコラムに時々書いているようだが、前に座った男の頭髪が薄く、おでこがまぶしかった、などと書いたら承知せんぞ」と脅されたから、同級生の容姿の激変には触れられない（以下略）

といったものもある。読みながら思わずほおが緩み、時に喉の奥に笑いがこみ上げるのだが、この微笑が、苦笑とともに土井さんの文章の特徴の一つである。

データベースで検索、プリントアウトして数えてみると、「土井重人」の署名が入った「余響」は五十本を超えている。身辺の出来事に触れたり、亡くなった同僚を追悼したり、歌人の歌集を紹介したり、という回もあるのだが、多くは、『福岡県史』『北九州市史』『小倉市誌』『中村平左衛門日記』『小森承之助日記』『中原嘉左右日記』『倉藩時式』『物語福岡藩史』『豊前人物志』、それに「豊前叢書」「門司郷土叢書」など、ノートにメモを取りながら読んできた史料に由来した話題だった。それも、小倉藩時代の人々の暮らしが中心だった。

安政三年（一八五六年）正月、小倉藩の大庄屋・中村平左衛門が村々の庄屋らを招いた席で、お節が出た。献立になんと鶴の吸い物とある。殿様用の高級食材を庄屋らが食えたのか、という疑問がわくが、時は明治維新の十二年前、禁令もゆるんでいたらしい。

小倉の市場で鶴が売られていたという証言がある。シーボルトの「江戸参府紀行」だ。文政九年（一八二六年）、門人らが博物学の資料として買ってきた中に鶴が三羽あった。シーボルトは、ヨーロッパ人の口に合わないといっているが、本当にまずいのだろうか。

「旅と鳥」の著者、鳥類学者の黒田長禮さんは試食の結果、「まずくてかたく、単に珍しいというだけだった」と書いている。

「盛岡藩御狩り日記」という本もある。著者の日本野鳥の会評議員・遠藤公男さんは、中国大陸の鶴の越冬地を訪れた。今は自然保護区だが、一九八三年までは狩猟の対象だったため、鶴の味を知る人が多くいた。聞くと「肉はかたくてかめない。スープは生臭くてだめ」とこたえたという。

よかった。鶴が美味なら、とっくに絶滅していたろう。（以下略）

一つの史料で疑問が出たら、別の史料でそれを解き明かそうと、本のページをくり続けていたのが、この一文でよく分かる。その徹底した探究も、土井さんの特徴である。

そうした「余響」に目を留めた当時の井上安正編集局長（現・報知新聞社専務）が、土井さんに、小倉藩時代を描いた余響が面白い、ついては小倉藩を連載でやれないか、それも長期にわたって、できれば二百回ぐらい、と声をかけたらしい。

らしい、というのは、私が井上局長の提案（つまり指示）を直接耳にしておらず、ある日、その長期企画の出稿担当を命じられて、初めて知ったからである。

当時、土井さんは、東京、大阪両本社から送信されてくる朝刊、夕刊用の原稿をさばきながら、西部本社から両本社に送った原稿の問い合わせに応じたりする部署に所属していた。宿直勤務も多かった。

そうなんですか、と尋ねると、土井さんは「よろしく」と言い、二百回分の素材はありますか、と重ねて問うと、「何とかなるでしょう」と照れたような笑顔で言った。

それからしばらくして、「体裁を決めたいので二、三本、原稿をもらえますか」と尋ねた。

ある朝、出勤すると、机の上に、Ａ４判サイズの用紙にプリントアウトした原稿の束が載っていた。「小倉藩」の原稿で、回数にして、たしか八十回分以上あったのではないか。いくつかの連載企画を担当して、ほとんどストック原稿を持たず、その日暮らしを続けてきた私は、これには驚いた。読むと、内容は変化に富んでいて、似通った内容のものは見当たらなかった。

その後も、出勤すると机の上に原稿がまとまって載っているという日が続き、連載開始前に百五十回分を超えていた。

連載は、二〇〇四年四月一日に始まった。週五日の掲載を基本にしたが、その日に読者に届けなければならない「生ニュース」に押されて休載せざるを得ない日もあって、翌二〇〇五年二月二十二日にやっと九十九回目を掲載した。しかし、その後は「紙面の都合」で中断したのだが、土井さんは掲載を催促することもなく、原稿を書き、手を入れ続けた。

そのかたわら、様々な資史料に登場する小倉藩士の名前を、一枚に一人と決めて、百円ショップで買い入れたカードに書き出してもいた。「ついに六千枚を超えてしまいましたよ」と、いつもの照れたような笑顔で話したのはいつだったか。それでも書き出しを休まず、検索しやすいようにとパソコンへの入力も進めていた。例えば、それは「朝比奈茂左衛門　文久2年（1862）分限帳　勘定奉行　15石　※中村平左衛門日記の文久1年の項に『朝日奈』とあり」といった具合に、一字違いも見逃さない厳密さで。

そして、四月二十三日、土井さんは急逝した。六十歳だった。

当時、土井さんは文化部に移っていたのだが、読売新聞に訃報が掲載されたその日から、「驚いています」「残念でなりません」といった読者からのファクスが次々と文化部に届き始め、やがて手紙やはがきも交じるようになった。いずれもが、それまでの土井さんとの交流を懐かしみ、「小倉藩」がどうなるのかを気にしていた。

実は、土井さんは前々から、百回目は、それまでの連載に対する読者からの指摘に答える回と決めていて、その原稿は、遺品となったフロッピーに収められていた。他にも手を入れ終えた「完成原稿」が八十本以上、掲載順を決めて収めてあった。下書きと思われる鉛筆書きの原稿もかなりの回数分が残されていた。すべてを合計すると、二百回をいくらか超えていた。それを絞り込むつもりだったのだろう。

百回目が紙面に登場したのは、その死から二週間あまり後の五月十日だった。再開に当たって、私は「連載は今後、その遺稿で回を重ねていく」と書き、こう続けた。

「しかし、（土井さんは）資料と格闘していたのではなかった。むしろ、図書館、古書店に足しげく通い、未見の資料との出合いを心底喜び、読むこと自体を楽しんでいた。その楽しみの中から、自身が微笑、苦笑を覚えた小倉藩時代の町民の暮らしぶりを、時に現地を確かめながらスケッチしてきた。

企画はやっと半ばである。畳がへこむほどの資料の山に分け入って書き継がれた続編。目線は温かい。時代を経ても人はさして変わらない、との思いも深い。記事には、土井記者の微苦笑がそのまま持ち込まれている」と。

土井さんは資史料を突き抜けて、古地図に従って旧藩時代の小倉の町を間違いなく歩いていた。それも町民の斜め後ろを、同じ歩幅で、ほほえみながら。――二百回を出稿し終えて、その感が深い。

「休みの日にはカメラを手に、古い石橋を訪ねていたんです。小倉藩の次は石橋をと考えていたんでしょうねえ」。通夜の席で、親戚の方からそう聞いた。含羞の人らしく、土井さんはそのことを誰にも話していなかった。

やっと著作を届ける日がきた。刷り上がった本に、土井さんの、いつもの照れたような笑顔が重なって見えるようでもある。

本書は、二〇〇四年四月から二〇〇五年十月まで読売新聞西部本社版に連載された「小倉藩」をまとめたものである。

**土井重人**（どい・しげと）
1944（昭和19）年，福岡県生まれ。北九州大学（現・北九州市立大学）外国語学部英米学科を卒業後，読売新聞西部本社に入社。高校時代から短編，随筆などを著す。仕事の傍ら古典文学に傾注し，『万葉集』に没頭。新聞紙面のコラム連載をきっかけに郷土史に興味を覚える。2004年４月から読売新聞西部本社版に「小倉藩」の連載を開始。連載中の2005年４月23日に急逝。

大庄屋《おおじようや》走《はし》る
小倉藩《こくらはん》・村役人《むらやくにん》の日記《につき》
■
2007年９月１日　第１刷発行
■
著者　土井重人
発行者　西　俊明
発行所　有限会社海鳥社
〒810-0074　福岡市中央区大手門３丁目６番13号
電話092(771)0132　FAX092(771)2546
印刷・製本　大村印刷株式会社
ISBN 978-4-87415-641-4
http://www.kaichosha-f.co.jp
［定価は表紙カバーに表示］